JN060519

保育の現場を知る

◆編集委員◆民秋　言・小田　豊・栃尾　勲・無藤　隆・矢藤誠慈郎

新
保育
ライブラリ

保育所実習［新版］

民秋　言
安藤和彦・米谷光弘
中西利恵・大森弘子　編著

北大路書房

新版に向けて　編集委員のことば

　本シリーズは，平成29年3月に幼稚園教育要領，保育所保育指針，幼保連携型認定こども園教育・保育要領，さらに小学校学習指導要領が改訂（改定）されたことを受けて，その趣旨に合うように「新 保育ライブラリ」を書き改めたものです。また，それに伴い，幼稚園教諭，小学校教諭，保育士などの養成課程のカリキュラムも変更されているので，そのテキストとして使えるように各巻の趣旨を改めてあります。もっとも，かなり好評を得て，養成課程のテキストとして使用していただいているので，その講義などに役立っているところはできる限り保持しつつ，新たな時代の動きに合うようにしました。

　今，保育・幼児教育を囲む制度は大きく変わりつつあります。すでに子ども・子育て支援制度ができ，そこに一部の私立幼稚園を除き，すべての保育（幼児教育）施設が属するようになりました。保育料の無償化が始まり，子育て支援に役立てるだけではなく，いわば「無償教育」として幼児期の施設での教育（乳幼児期の専門的教育を「幼児教育」と呼ぶことが増えている）を位置づけ，小学校以上の教育の土台として重視するようになりました。それに伴い，要領・指針の改訂（改定）では基本的に幼稚園・保育所・幼保連携型認定こども園で共通の教育を行うこととされています。小学校との接続も強化され，しかし小学校教育の準備ではなく，幼児期に育んだ力を小学校教育に生かすという方向でカリキュラムを進めることとなっています。

　保育者の研修の拡充も進んでいます。より多くの保育者が外部での研修を受けられるようにし，さらにそれがそれぞれの保育者のキャリア形成に役立つようにするとともに，園の保育実践の改善へとつながるようにする努力と工夫が進められています。全国の自治体で幼児教育センターといったものを作って，現場の保育者の研修の支援をするやり方も増えています。まさに保育の専門家として保育者を位置づけるのみならず，常に学び，高度化していく存在として捉えるように変わってきたのです。

　そのスタートは当然ながら，養成課程にあります。大学・短大・専門学校での養成の工夫もそれぞれの教育だけではなく，組織的に進め，さらに全国団体

でもその工夫を広げていこうとしています。

　そうすると，そこで使われるテキストも指導のための工夫をすることや授業に使いやすくすること，できる限り最近の制度上，また実践上，さらに研究上の進展を反映させていかねばなりません。

　今回の本シリーズの改訂はそれをこそ目指しているのです。初歩的なところを確実に押さえながら，高度な知見へと発展させていくこと，また必ず実践現場で働くということを視野に置いてそこに案内していくことです。そして学生のみならず，現場の保育者などの研修にも使えるようにすることにも努力しています。養成課程でのテキストとして使いやすいという特徴を継承しながら，保育実践の高度化に見合う内容にするよう各巻の編集者・著者は工夫を凝らしました。

　本シリーズはそのニーズに応えるために企画され，改訂されています（新カリキュラムに対応させ，新たにシリーズに加えた巻もあります）。中心となる編集委員4名（民秋，小田，矢藤，無藤）が全体の構成や個別の巻の編集に責任を持っています。なお，今回より，矢藤誠慈郎教授（和洋女子大学）に参加していただいています。

　改めて本シリーズの特徴を述べると，次の通りです。第一に，実践と理論を結びつけていることです。実践事例を豊富に入れ込んでいます。同時に，理論的な意味づけを明確にするようにしました。第二に，養成校の授業で使いやすくしていることです。授業の補助として，必要な情報を確実に盛り込み，学生にとって学びやすい材料や説明としています。第三に，上記に説明したような国の方針や施策，また社会情勢の変化やさらに研究の新たな知見に対応させ，現場の保育に生かせるよう工夫してあります。

　実際にテキストとして授業で使い，また参考書として読まれることを願っています。ご感想・ご意見を頂戴し次の改訂に生かしていきたいと思います。

2019年12月　　編集委員を代表して　無藤　隆

はじめに

　おおよそ「学習する」・「学ぶ」というためには，その者に主体性，自主性が不可欠の条件となる。すなわち，自ら課題意識をもち，自らの意志で「学ぶ」ことの姿勢をもつことである。

　保育者養成課程には，保育者としての免許や資格を得るために習（取）得しなければならない単位（科目）が用意されている。それは原理（論）から実技に至るまで多岐にわたる。いずれもたいせつな単位（科目）である。

　よきはたらきをする保育者になるためには，当然ながら，学ぶ者の基本的姿勢，すなわちさきに掲げた主体性・自主性が問われてくる。もちろん，教育する側の資質が問われることもいうまでもない。

　学ぶ者が主体性・自主性をもつためには，学ぶことの「楽しさ」「おもしろさ」を体験できることが必要であろう。また，学ぶことの「必然性」や「大切さ」を体験することも不可欠であろう。

　こうした体験のためには，自らがその学ぶ対象に直にふれ，共感する機会が用意されることが欠かせないであろう。養成課程では「実習」がそれに該当する。それは，具体的には，幼稚園や保育所，施設での教育実習，保育実習である。

　実習では，子どもたちに直かに話し，聴くなど対処をする。保育者のはたらきを直かにみて，経験もできる。保護者のありようを目の当たりにする。その結果，学ぶことの「楽しさ」・「大切さ」を体験する。

　本書は，こうした実習を実りある養成課程の単位（科目）とするに資するよう編集した。実習についての類書は数多ある。いずれもすぐれた評価を得ていることだろう。しかし，私たちは養成校の教育として私たちなりにより満足の得られるものをつくりたいとかねがね思い，話し合ってきた。

　その結果，実習生として出向く学生のみならず，教員にもより有効に活かされる形式として，「Q＆A」方式をとったのである。実習の場で，あるいはその事前，事後学習に直接役立つパターンを採用したのである。また，実習は，保育，福祉の実践の場で働く先生方にもご指導を得なければならない性格のものである。したがって，実践に携わる先生方にも実習指導の一助となるよう，

意を尽くした。

　本書は，実習を幼稚園，保育所，施設とに分けての巻をそれぞれ用意した。いわば，実習シリーズ（全3巻）ともいうべきものである。

　その編集方針はいずれの巻も，上記に述べたとおりである。執筆者，資料を提供いただいたり，貴重な意見を賜った先生方，また，北大路書房の関係者など，この書を上梓するにあたりお世話になったすべての方々に感謝する次第である。

2008年12月　　編　者

　本書は，2009年に発刊して以来，多くの方々に高評をいただいているが，2011年施行の保育士養成カリキュラムに対応させ，巻末資料として，保育実習実施基準，教科目の教授内容，保育実習の目標と内容の新旧対照表を補足している。2011年度以降に保育士養成施設（養成校）に入学した方については，本資料を参照いただければ幸いである。

2011年1月　　編　者

　本書は2009年に発刊して以来，10年を迎えた。その間，多くの保育者養成校の教員や学生の方々に高い評価をいただき，今日まで使用していただき誠にありがたく思う。

　近年，保育を取り巻く環境は大きく変わり，したがって保育者養成にもさまざまな課題が求められてきている。なかでも2018年に幼稚園教育要領，保育所保育指針等が改訂（定）されたことは，本書を見直すよい機会となった。

　このたびの本書改訂では，実習前，実習中，実習後の各段階における「確認のポイント」や実習指導案例などの項目を盛り込み，内容を補強した。

　もとより，実習の意義とその重要性については，従来と何ら変わるものではない。読者諸兄姉の実習に本書を有効に生かしていただきたい。そして，さらなる学びを進めていただきたい。

　なお，本書に不備な点等があれば，今後改めていきたいと考えている。ご意見・ご叱正をいただければ幸いである。今回の出版に際し，励ましとご尽力を

いただいた北大路書房の若森乾也・大出ひすい両氏に深甚の謝意を表す。

2019年12月　　編　者

もくじ

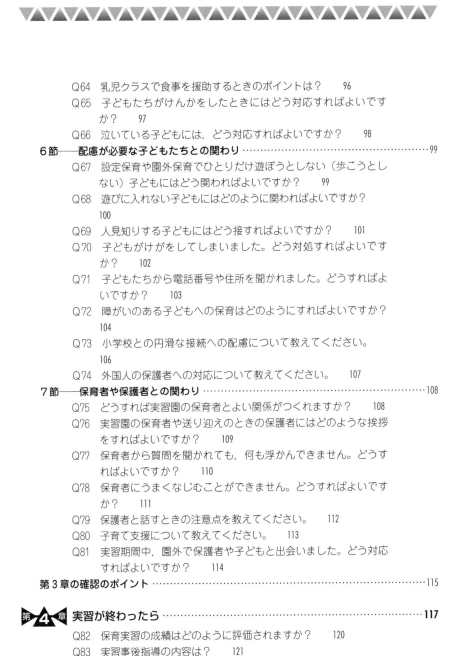

第1章

保育所実習の基礎知識

Q1～7

保育者とは，保育所保育士，幼稚園教諭，認定こども園保育教諭などのことをいい，就学前教育機関や児童福祉施設において，乳幼児の保育に携わる職業のことです。

保育所は児童福祉法によると，「保育を必要とする乳児・幼児を日々保護者の下から通わせて保育を行う」ことを目的としている施設です。保育を行う対称となるのは，0歳〜就学前の保育を必要とする子どもです。なお，幼稚園は文部科学省が管轄ですが，保育所は厚生労働省が管轄しています。

「厚生労働省児童家庭局長通知」である「保育実習実施基準」では，保育所実習実施においての要件や内容，目的が示されています。それによれば，保育所実習の目的は「その習得した教科全体の知識，技能を基礎とし，これらを総合的に実践する応用能力を養うため，児童に対する理解を通じて保育の理論と実践の関係について習熟させること」とあります。保育士資格を取得するにはＱ2でもふれているように，保育士養成課程にあるたくさんの科目を学ばねばなりません。免許取得に必要な科目は学内にある教室・施設等で学ぶものがほとんどですが，実習は，子どもたちが生活する場で子どもたちとの直接的な関わりを通して学びます。保育の現場での体験的学習によって，はじめて保育の理論と実践が有機的に統合され，真の理解が動き出すことになるのです。

ある養成校では，「保育実習実施基準」に示されている内容に沿って，次のような目的を設定しています。

①社会的に有用な保育士をめざし，その研究と技術の総合的習得に努める。

②保育所の組織，運営，活動等の実際を理解する。

③保育所における個人および集団としての乳幼児の理解に努める。

④保育所における具体的な体験・実践を通して自覚とその使命感を強める。

⑤実習生が将来保育所においてよき働き手となれるよう，実習現場における豊かな体験によって強く動機づけられるような機会とする。

自身が在籍する養成校ではどのような目的を掲げているか確認しておきましょう。

3 変わりゆく社会と保育

　2017年に改定，2018年4月から施行された保育所保育指針では，幼児教育に関する記載が幼稚園教育要領とほぼ共通化されました。これは，保育所はもともと福祉施設として設置されていましたが，幼児教育の重要な場として明確に位置付けられたということを意味します。くわえて2006年には，幼稚園と保育所のよいところを生かしながら，その両方の役割を果たすことができる認定こども園が創設されました。また，改定された指針では，第4章が「保護者に対する支援」という記載から「子育て支援」という記載に変わりました。通園する子どもと保護者だけを対象とする施設としてではなく，地域の子育て支援のセンターとして，一時保育や育児相談など，多様化する保育ニーズに対応するための事業を拡大し実施するなど，保育の現場も社会のニーズに応えるために変化しつづけています。

　保育所だけでなく，保育者にも社会の信頼とニーズに応えることを目的に最新の専門知識技能を身に付けることが求められ，保育者の重要性はますます増しています。

　実習をするにあたってはこうした基礎知識を再確認しておくことが大切です。第1章のQ&Aを見て，自分が説明できる自信のないものについて，重点的に確認するようにしましょう。

「保育所保育士」はどのような仕事をするのですか？

A 　保育士とは，児童福祉施設において，児童すなわち乳児から満18歳未満の子どもを保護・育成する仕事に従事する職員のことをいい，児童の保護者とともに，あるいは保護者に代わって，養護と教育に関わります。つまり，豊かな人間性をもって子どもを育成し，保護と養育の両面から保育に携わる職業といえます。

　保育所は児童福祉法で定める12施設ある児童福祉施設の１つで，保育を必要とする０歳から就学始期までの乳幼児を対象に保育を行うことを目的としています。その他保育士の職場としては，2015（平成27）年から設置された幼保連携型認定こども園（児童福祉施設として定義）や子ども・子育て支援制度により実施されている家庭的保育事業等（家庭的保育事業，小規模保育事業，居宅訪問型保育事業または事業所内保育事業）があります。

　「子どもが好きですか？」「動くことが苦手ではないですか？」「ピアノは弾けますか？」などは，保育所保育士・保育教諭・幼稚園教諭などの保育者になりたいあなた方への質問の例ですが，一番大切なのは，赤ん坊である乳児がかわいいと感じ，幼児たちといっしょに遊ぶことが楽しいと思える気持ちです。しかし，乳児の場合，いつも寝ていたり体を動かしているだけではなく，言葉が話せないので，笑ったり泣いたりすることにより自分の欲求を伝えようとしているのです。したがって，保育士は保護者に代わってあやすだけでなく，泣いている赤ん坊を見て泣き方やしぐさにより，お乳を飲みたいのか，オムツを替えてほしいのか等を瞬時に見極めて，世話をする能力が必要となります。

　保育所の保育士は「子どもの利益を最優先」する立場にたち，それぞれの子どもの家族の想いや願いを受け止める姿勢が大切なのです。特に，乳幼児期の発育・発達はたいへん著しいことから，子どもの成長と同時に，自分自身の人間としての成長をお互いに共有でき，保護者とともに喜びあえるすばらしい仕事であることに感謝する気持ちを忘れないようにしましょう。

Q 2 「保育所保育士」の資格を得るにはどうすれば よいのですか？

A 　保育士資格を得るためには，指定保育士養成施設（養成校）で所定の必要な単位を取得する方法と，保育士試験において，指定科目の単位認定を得るため試験に合格する方法の2通りがあります。

　指定保育士養成施設（厚生労働大臣指定，以下，養成校）とは，保育所の保育士の資格を取得することのできる大学・短期大学・専門学校等のことをいいますが，現行の保育士資格では，幼稚園教諭免許のように4年制大学の1種と2年制短期大学の2種のように区別されていません。入学後，定められた年数の間在籍し，所定の単位を修め登録をすれば，卒業と同時に保育士となる資格を有することができます。また，卒業後であっても，卒業した養成校や他の養成校で不足の単位を取得し認められれば，保育士資格の取得が可能です。養成校の保育士養成課程では，保育の本質・目的（保育原理・教育原理・子ども家庭福祉・社会福祉・子ども家庭支援論・社会的養護Ⅰ・保育者論等），また，保育の対象の理解（保育の心理学・子ども家庭支援の心理学・子どもの理解と援助・子どもの保健・子どもの食と栄養等），さらに，保育の内容・方法（保育の計画と評価・保育内容総論・保育内容演習・保育内容の理解と方法・乳児保育Ⅰ，Ⅱ・子どもの健康と安全・障害児保育・社会的養護Ⅱ・子育て支援等），特に，学生の自主的学習能力育成のため保育実践演習があり，もちろん，保育所や児童福祉現場で実地に学習する保育実習に分類された系列科目があります。

　もうひとつの保育士試験とは，多彩な人材確保という視点から，都道府県レベルで行われる試験のことをいいます。現在，保育士試験は一般社団法人全国保育士養成協議会（http://www.hoyokyo.or.jp/）が全国都道府県の"保育士試験"指定機関として全国的な規模で実施しています。保育士試験でも養成校と同様の学習内容に関する科目が筆記試験として行われ，幼稚園教諭免許状所有者は免除される科目もあります。実技試験は，音楽，造形，言語の各分野から選択することができます。

Q3 「保育所保育士」は登録が必要だと聞きました。詳しく知りたいのですが？

A 　以前は，保育士のことを保母という旧称を使用していました。1977（昭和52）年に男性の「保母」資格が認められ，男性保育士のことを通称「保父」とよんでいたころがありますが，男女共同参画社会となり，1998（平成10）年に児童福祉法施行令が改正され，「保育士」という呼称に統一され国家資格となりました。特に，地域の子育て支援の中核を担う専門職として，専門的知識および技術をもって，児童の保育や保護者に対する保育に関する指導を行うなど，ますます保育士の質の向上が求められるようになってきました。

　2001（平成13）年11月の児童福祉法の一部改正で，保育士資格が詐称され，その社会的信用が損なわれている実態に対処するため，保育士になるためには保育士登録が義務づけられ，2003（平成15）年11月から「都道府県知事の登録」が必要となりました。保育士の信用回復および資質の向上をはかるため，信用失墜行為，守秘義務違反の規定や罰則，登録取消し規定がもうけられました。

　つまり，保育士という職業には，それだけ高い専門性，人間性が必要であるということを自覚してください。したがって保育士の養成機関は，厚生労働省の認可（厚生労働大臣の指定）を受けた指定保育士養成施設等でなければならないのです。ここで保育士資格に必要な所定の単位を取得し卒業できれば，保育士となる資格を有する者となります。その後，住民票のある（卒業時）都道府県知事に登録申請を行い，承認され保育士登録簿に登録を受けることで保育士となり，保育士登録証を交付されます。

　また，都道府県の保育士試験に合格した者も保育士となる資格を有する者となり，その後，試験合格地の都道府県知事に登録申請を行い，保育士登録証を交付してもらうまで，手続きが必要です。

　なお，保育士登録簿は都道府県に備えられており，氏名，生年月日，その他，厚生労働省令で定める事項の登録をしなければなりません。いままでに，取得した保育士資格（以前は保母資格）の者も，登録する必要があります。

Q4 保育実習Ⅰ，Ⅱ，Ⅲのちがいを教えてください。

A 「保育実習」には，必修科目である保育実習Ⅰと，選択必修科目の保育実習Ⅱまたは保育実習Ⅲとがあります。「保育実習実施基準」によると，保育実習Ⅰは，保育所，幼保連携型認定こども園または児童福祉法第6条の3第10項の小規模保育事業（ただし，「家庭的保育事業等の設備及び運営に関する基準」（平成26年厚生労働省令第61号）第3章第2節に規定する小規模保育事業A型及び同基準同章第3節に規定する小規模保育B型に限る）もしくは同条第12項の事業所内保育事業であって同法第34条の15第1項の事業および同法同条第2項の認可を受けたもの（以下「小規模保育A・B型および事業所内保育事業」という）でおおむね10日間，および，乳児院，母子生活支援施設，障害児入所施設，児童発達支援センター，障害者支援施設，指定障害福祉サービス事業所（生活介護，自立訓練，就労移行支援または就労継続支援を行うものに限る），児童養護施設，児童心理治療施設，児童自立支援施設，児童相談所一時保護施設または独立行政法人国立重度知的障害者総合施設のぞみの園のいずれかの施設でおおむね10日間実習を行うことになっています。保育実習Ⅱは，保育所または幼保連携型認定こども園あるいは小規模保育A・B型および事業所内保育事業でおおむね10日間，保育実習Ⅲは，児童厚生施設または児童発達支援センターその他社会福祉関係諸法令の規定に基づき設置されている施設であって保育実習を行う施設として適当と認められるもの（保育所および幼保連携型認定こども園ならびに小規模保育A・B型および事業所内保育事業は除く）でおおむね10日間実習を行うこととなっています。なお，総実習時間は80時間以上であり，上記のおのおのの「おおむね10日間」は，原則1日8時間としての日数です。

保育実習Ⅰ（4単位）の履修方法は，保育所または幼保連携型認定こども園あるいは小規模保育A・B型および事業所内保育事業における実習2単位，それ以外の施設における実習2単位です。保育実習Ⅱ，保育実習Ⅲは各2単位です。

保育所実習はどのように行われますか？

A 　ここでは，保育所での実習に伴う，実習以前と以後に行う事項（たとえば，実習園の決定，事前訪問，事後の挨拶など）を含めた大まかな全体の流れについて説明します。あくまでも1つの例ですので養成校により内容や方法は多少異なります。

　最初に行うことは，履修登録において「保育士資格取得関連科目」を登録します。その中に保育所実習のための事前事後指導を行う科目があり，保育所実習に向けた具体的な指導が行われます。事前指導と並行して，実務的作業も行われます。

　まず，「保育所希望実習先」アンケートが実施されます。ここで注意しなければならないのは，認可外保育所での実習は認められないので，それを防ぐため確実な方法で実習先を選択することです。次に，学生各自のアンケートにより実習先を調整し，保育所への実習依頼を養成校から行います。しかし，実習先が，すべて養成校の指定した保育所である場合は，アンケートを採らない場合もあります。また，本人の希望する保育所で実習を行う場合でも，本人が直接依頼に行く場合もあります。

　「保育実習承諾書」を実習先から養成校が受け取ります。公立保育所の場合は，養成校から所管部署へ依頼状を発送します。このあと，実習先保育所名，実習期間が学生に発表されます。そして，実習開始前に実習関係書類が実習先へ送られます。次に，実習先から事前オリエンテーションの日時等の返事が返ってくるので，学生各自が確認をして，オリエンテーションに出席し，実習園より指導を受けます。そして，実習が開始されます。実習終了後，実習先へ挨拶に訪問します。その時に実習記録（実習日誌）などが返される場合もあります。実習記録（実習日誌）は返却されればすみやかに養成校に提出します。なお，実習終了後，訪問しての挨拶だけでなく手紙などによるお礼状を出すことも必要でしょう。

　実習の完了が評価の最低条件であり，実習成立が評価の前提となります。

Q 6 保育所での実習では何をするのか詳しく教えてください。

A 保育所実習の実習期間はQ4に説明されているように，規定上おおむね10日間ないしはおおむね20日間です。ただし，この日数どおりに実習を実施すると，週の途中で実習が始まったり，あるいは終わったりすることになります。したがって，保育所の保育の流れや実習効果などを考慮し，週単位で保育所実習を実施している養成校もあります。2〜4週間という期間での実習ですが，2週間なのか3，4週間なのかは各養成校によって異なります。

限られた期間で，保育所実習の目的の達成度をあげるために，①見学・観察を主体とした実習，②保育への補助的参加を主体とした実習，③保育を担任に代わり部分的に担当する実習，④保育を担任に代わり全般的に担当する実習，というように段階を追って実習を進めていくやり方が一般的です。

4段階の実習を通して何を学ぶかについては，以下の，厚生労働省が提示する保育士養成課程の必修科目に関する教授内容を参考にしてみましょう。

まず〈目標〉としては，

1．保育所，児童福祉施設等の役割や機能を具体的に理解する。

2．観察や子どもとの関わりを通して子どもへの理解を深める。

3．既習の教科の内容を踏まえ，子どもの保育および保護者への支援について総合的に理解する。

4．保育の計画・観察・記録及び自己評価等について具体的に理解する。

5．保育士の業務内容や職業倫理について具体的に理解する。

という5項目があげられています。

そして，〈保育所実習の内容〉については，上記の〈目標〉に対応した形で，1．保育所の役割と機能，2．子どもの理解，3．保育内容・保育環境，4．保育の計画，観察，記録，5．専門職としての保育士の役割と職業倫理，となっています。

教える側と学ぶ側が同じ目標をもって取り組むことがたいへん重要です。

なぜ幼保連携型認定こども園ができたのでしょうか？

A 　認定こども園が開設された理由・背景について考えていきます。現代社会の急激な変化に対応し，幼稚園と保育所のよいところを生かしながら，その両方の役割を果たすことができるような新しいシステムをつくろうという観点から，「就学前の子どもに関する教育・保育等の総合的な提供の推進に関する法律」が制定されました。これに基づき，就学前の教育・保育ニーズに対応する新たな選択肢である「認定こども園」が，2006（平成18）年10月からスタートしました。

　認定こども園には，地域の事情により，①幼保連携型，②幼稚園型，③保育園型，④地方裁量型の４つのタイプに分かれます。ここで取り上げる「幼保連携型認定こども園」は，認可幼稚園と認可保育所とが連携して，一体的な運営を行うことにより，認定こども園としての機能を果たすタイプのものです。認定こども園の大きな機能は，①就学前の子どもに幼児教育・保育を提供する機能，②地域における子育て支援を提供する機能の２点であり，その背景には，乳幼児をめぐるキーワード「少子化」「子育て支援」「幼保一元化」があります。

　では「幼保連携型認定こども園」とはどんな役割があり，そこでの保育者の役割とはどうなのかを見ていくことにします。「幼保連携型認定こども園」とは，小学校就学の始期に達するまでの子どもに教育および保育を行う学校および児童福祉施設です。

　ここで働く保育教諭（幼稚園教諭免許状および保育士資格取得者）は，知識・技能を与えることだけではなく，助言・指示・承認・共感・励ましを行います。つまり保育教諭は，子どもの理解者であり共同作業者です。人格形成の時期の重要性を考え，環境を通して行う教育・保育のあり方が問われます。あくまでも園児の主体性を中心にしたものです。また，保育教諭は，子どもにとって信頼感・安心感を与える存在であり，地域・家庭との連携が必要です。保育教諭は，保護者の指導者ではなくパートナーであるべきだと考えます。

第1章の確認のポイント

□保育所は，児童福祉法で定める児童福祉施設です。

　保育を必要とする0歳から就学始期までの乳幼児を対象に保育を行うことを目的としています。

□保育実習には，

　・必修科目である保育実習Ⅰ

　・選択必修科目の保育実習Ⅱまたは保育実習Ⅲ　があります。

　おのおのの実習期間はおおむね10日間（80時間以上）です。

□保育所実習では，

　・評価の最低条件：実習完了　であり，

　・評価の前提：実習成立　となります。

□保育所実習の内容は，保育所保育指針に示され，

　①保育所の役割と機能内容

　②子ども理解

　③保育内容・保育環境

　④保育の計画，観察，記録

　⑤専門職としての保育士の役割と職業倫理　となっています。

□認定こども園は，現代社会の急激な変化に対応し，幼稚園と保育所のよいところを生かしながら，その両方の役割を果たすことができる施設です。

第 2 章

実習までに確認しておきたいこと

　卒業を前に，いつ，どのようなときに，保育者になろうと決心したかを質問すると，圧倒的に多くの人が，実習を通してだと答えます。実習は，養成校で学ぶ学生にとって，職業への意欲を高め，進路を決定づける大切な学習のチャンスです。学生生活のなかで重要な意味をもつ，実習という学びの好機をおろそかにすれば，まずよき保育者にはなれないと言ってもよいでしょう。

　それは，実習を通して，学生という立場であると同時に，自立したひとりの人間としてのあり方があらためて問い直されるからです。実習は専門職をめざして行われるプログラムです。したがって，社会人として，職業人としての責任を自覚する機会となります。

　実習先では，子どもの生活に直接関わり具体的にはたらきかける，保護者と関わる，職場での分担をどのように果たすかということなどが期待されます。実習生は保育者や保護者など，人生の先輩にあたる方々から，専門家としてまた社会人としてのふるまい方や考え方を真摯に学ぶ態度を忘れてはなりません。そのことを踏まえたうえで，子どもとの日々の生活で，実習生だからという甘えは通じないという現実に直面し，保育者としての責任があることを自覚し，保育の仕事への適性を問い，自分の将来について考えるきっかけを得ることができるのです。

　さらに，子どもと生活をともにするということは，学生自身の人間性がかくしようもなく表れてしまうことでもあり，自分自身を省みるよい機会となります。あらかじめ予測し，準備をし，かまえて接する場面というのは，実習では限られており，常にその場に応じた柔軟な対応が求められます。実習の様々な場面で，子どもに臨機応変に対応することは，実習の大切な意味あいでもあります。そうしたときに，日ごろの学習を通して培われた保育に対する知識や技能が発揮されるのですが，同時に，行動力や判断力，体力や生活力，心のやさしさや人となりなど，学生自身の人間性そのものも，意図せずして子どもの前にあらわになり，自分と向き合わざるを得なくなるからです。実習をみのりあるものとするために，本書の各編で心がまえについて具体的に詳しく述べられています。

　人間性を高めるということには，特効薬はなく，難しいことですが，ひとつ

の方法は，足元を見直すこと，つまり日々の生活のしかたを振り返ることでしょうか。たとえば，養成校の学習カリキュラムを真摯な態度で履修することはもちろんのこと，人との接し方，言葉づかい，衣食住など，生活する力を努めて高めることです。身近な自然の変化に心を動かし，新聞などの報道に目を向け，世の中の動きを敏感に感じ，読書や学習の幅を広げ，直接保育に関わらないと思われる領域にも好奇心旺盛に踏み込もうとすることです。こうした生活を心がけることが，視野の広がり，柔軟な姿勢，他を思いやれる豊かな想像力を育て，人間性を高めてくれます，そして，保育者として，子どもの前に立ったとき，ふさわしい対応がとれることへとつながっていくのです。

❷ いま保育現場に求められること

　他方，近年，社会基盤が変容し，これまでであれば家庭や地域がもっていた子育てする力やサポート体制などが大きく低下していることが危惧されています。その具体的な対応策のひとつとして，保育の場と保育者は地域の子育て支援のキーステーションとしての役割とソーシャルワークの担い手として大きく期待され，その傾向は今後さらに強まることが予想されます。実習の学びには，こうした保育を取り囲む現在進行しつつある新たな課題を身近に感じ取り保育の場が担う子育て支援のあり方を考えるという現代的な意味も加わり，今後その重要性が増していくことでしょう。

❸ 成長の機会と多くの方々への感謝を忘れずに

　実習を終えた直後の教室には，実習前の不安いっぱいの表情とは打って変わって，互いの経験を嬉々として伝え合うようすが見られます。実習を通して，子どもと関わり，驚いたり，失敗したり，喜びを感じることで，予想をはるかに超えた手ごたえを感じて成長するきっかけを得た学生の姿を目の当たりにするたびに，子どものいる場での学びの大切さをあらためて実感します。

　保育現場に出て行う実習は，引き受けてくださる園の，保育者の後輩育成への理解と支援，子どもとその保護者の温かい眼差しなど，多くの方々の善意と協力があってはじめて成立します。このことをしっかり受け止め，実習の一日一日をおろそかにせず，よき保育者に成長するために与えられたチャンスを全うしてくださることを期待しています。

Q8 どのようにして実習園を決めるのですか？

A 　実習園を決めるには大きく2つの方法があります。1つは，保育士養成施設（以下，養成校）が指定している実習園に配属されるという方法です。もう1つは，実習生自らが実習園を探し，自分で依頼するという方法です。

　前者の方法の場合，実習生の現住所や最寄り駅，交通手段などの諸条件を考慮して，養成校の担当教職員が実習園に依頼します。ですから，実習生が実習園と実習受け入れに関する交渉をすることはありません。つまり，受け入れ体制や実習期間などの調整はすべて養成校が行います。ただし，各養成校では配属先の実習園を決めるための事前調査を行うことがありますので，その際には必ず自分の現住所や最寄り駅，交通手段などを伝えておかなければなりません。

　次に，後者の方法の場合ですが，一般には実習生自らが卒園した母園など，これまでなんらかの関わりがあった保育所（園）を選ぶことが多いようです。この方法の場合，先述した養成校による決定方法に比べると，実習生の選択肢はかなり広がります。ただし，選択の幅が広がる一方，実習受け入れの体制をはじめ実習期間，諸条件などを実習生自らが調整しないといけません。

　なお，実習園を選択する目安の1つは，やはり通勤の条件です。自宅から実習園まで，公共交通機関と徒歩などによりおおむね1時間前後で通勤できる距離にある実習園を選ぶことが望ましいでしょう。なぜなら，実習生にとって，実習は不安やとまどいなど，緊張状態の連続の中で行われるため，心身面の疲労が予想されるからです。さらに，1日の実習が終われば，実習記録として，その日の経験を冷静かつ客観的に振り返る作業も不可欠となりますから，できるかぎり無理のない通勤の条件が望ましいでしょう。

　さて，こうして選択した実習園にはあらかじめ電話で連絡をとり，事前訪問の日時の約束を取り付けます。次に，実習園を訪問し，実習の内諾が得られれば，それを受けて，養成校から正式な実習依頼文書を送付することになります。

　ただし，実習園が公立保育所の場合は特に注意が必要となります。公立保育

所の場合は，養成校で実習希望学生をとりまとめて，市町村の保育所実習担当課・係に申し出る方法がとられていることが多いのです。またその場合，当該市町村の在住者を優先することがありますから，実習希望学生は実習担当教職員とよく相談して実習園を決めることが大切になります。

　以上のように，実習園を決める2つの方法をそれぞれ説明してきましたが，いずれの場合であっても共通していることがあります。それは，実習を実施するまでに，皆さんが必ず一度は実習園に連絡をとり，訪問するということです。そして，ここで問われてくるのが皆さんの社会人としてのマナーです。具体的には，電話のかけ方や訪問のしかたなどですが，言葉づかいや身だしなみは直前にあわてて準備できるようなものではありません。むしろ保育者を志したときから，近い将来，子どもたちやその保護者と密接に関わることになるという自覚をもち，さらには，先輩や同僚の保育者とのチームワークの中で保育を日々実践することを十分踏まえ，保育者として，社会人としての態度やマナーにも心がけておく必要があります。実習依頼の段階からすでに保育所実習は始まっています。そのことに十分留意しましょう。

　なお，実習生自らが保育所（園）を選ぶ場合，認可保育所を探さなければならないことはもちろんですが，今の社会情勢において保育所の設置主体が変更する場合がめずらしくありません。したがって，最新の情報を収集して保育所選びに臨んでください。たとえば，昨年まで公立（市立や町立等）だった保育所が，今年からは民営化により私立（社会福祉法人立や学校法人立等）の保育所として設置主体が変わっていたりします。また，2006年（平成18年）の「就学前の子どもに関する教育，保育等の総合的な提供の推進に関する法律」の施行により，保育所や幼稚園以外に就学前の子どもの教育・保育施設として「認定こども園」という施設が規定され，その後，2015年（平成27年）には，同法の一部改正法により，認定こども園の類型の1つである幼保連携型認定こども園が学校及び児童福祉施設としての法的位置づけをもつ単一の施設に改められ，認可・指導監督が一本化されることになりました。認定こども園や小規模保育事業を実施する施設（小規模保育所や事業所内保育所など）も現在では認可保育所同様に保育実習Ⅰ・Ⅱの実習施設として指定されていますが，必ず，実習担当教職員に相談して，指示を仰いでください。

Q9 事前訪問（オリエンテーション）はなぜ行うのですか？

A 　養成校での保育所実習の事前指導では，保育所の具体的な保育や実習指導について説明はなされていますが，すべての保育所がまったく同じ保育や実習指導を行っているのではないので，養成校の事前指導は保育所全般，共通部分のことに時間を割いています。実習を行う保育所での事前訪問（オリエンテーション）は，実際に実習する保育所に行き，そこで，保育環境や保育方針などの個々の保育所について学ぶことだと理解してください。

　保育所実習の目的である「養成校で学んだことを実際の保育を通して，実践的に学ぶ」ことは，時間的にとても厳しいです。特に，指導実習のような実習生が指導計画を立案して，保育を行うためには，事前に①保育所の保育の方針や保育理念，②保育所のある地域の状況，③全体的な計画と長期及び短期指導計画，④子ども発達や興味関心，⑤現在の保育の環境がわかっていないと立案できません。「保育所保育指針」においては，「子ども一人ひとりを大切にして，子どもの主体性を尊重し，遊びを通して指導を行う」とされていますから，保育所とそこに通う子どもたちのことがわかって，初めて，指導実習の保育の計画をたてることができます。また，保育所の全職員による保育を行ううえでの，他の保育者と上記の事が共有できていなければなりません。「保育所保育指針」の基本は，子どもが中心の保育でありますから，保育者中心，つまり保育者がやりたい保育ではなく，子どもが自ら主体的にしたいことができるように，子どもの欲求が十分に満たされるようにしなければなりません。

　また，実習を行うにあたり，いくつかの勤務に関わる決まりごとがあります。それらの確認が必要となります。①勤務時間，②配属クラス，③仕事中や通勤時の服装，④持ち物，⑤経費や書類，⑥出勤簿の捺印のしかた，⑦土曜日保育の有無，⑧使用してよい保育所内の教材，⑨実習記録（ノート）の提出方法等です。個々の実習生がメモをとりながら，わからないことは，その場で質問をするようにしなければなりません。

Q10 訪問時のマナーを教えてください。

A 　事前訪問の連絡のとり方を説明します。事前訪問は，おおよそ実習が始まる１か月前くらいから，１週間前までに終わらせるので，連絡は，実習開始の１か月半前くらいに連絡をとるようにしてください。なお，実習園が遠方にあり，宿泊を伴う場合は，養成校の長期休業中等を利用して事前訪問をします。事前訪問に２人以上で行く場合は代表者が，１人で行く場合は，各々が電話で事前訪問の日程調整を行います。養成校によっては，あらかじめ事前訪問の日程が決められていたり，直接学生が依頼書を持っていき事前指導が行われるときは，事前の連絡は不要になります。

　電話をかける際は，相手の都合を第一に考えます。電話をかける好ましい時間帯は，午前中は10時から11時ごろまで，午後は２時から３時ごろです。保育所が忙しい時間帯に電話をかけても保育者が対応できないことがあるので注意してください。しかし，たとえこの時間帯であったとしても，相手に「今，お話よろしいでしょうか」と自己紹介の後に一言断りを入れてください。電話をかけるときは，まず「○○大学（短期大学・専門学校）の実習生の○○（氏名）です。事前訪問のことでお電話させていただきました。園長（所長）先生をお願いします」と話します。事前訪問の対応は，園長（所長）だけではなく，実習指導担当の保育者があらかじめ決められていますので，実習指導担当の保育者が対応することもあります。電話を代わっていただいたら，もう一度上記のように自己紹介をしてください。もし，園長（所長）や実習指導の保育者が対応できない場合は，「何日の何時ごろがよろしいでしょうか」と確認し，お礼を言って，電話を切ります。後日あらためて電話をかけるようにします。

　事前訪問のアポイントメントのとり方を説明します。「事前訪問のご都合のよい日時を教えてください」と聞いてください。日時の指定を受けることもありますし，希望を聞かれることもあります。日時の指定を受けたら，定期試験と授業を除いては，その日時に行くようにします。もし，定期試験や授業と重なっていたら，理由を説明して，実習生の都合の悪い日を告げて，その日以外

で，保育所の都合のよい日時を設定していただきましょう。都合が悪い理由として不適切なものは，アルバイトなどの私的なことです。なお2人以上で行く場合は，全員の日程を事前に確認してから，電話を入れるようにしましょう。しかし，電話をかけるときは，いっしょにいるようにします。代表者に任せることのないようにしてください。なぜなら，あとから「その時間は都合が悪い」と言っても，変更はきかないからです。保育所から「○月○日の○時からにしましょう」と指示があれば，「はい，承知しました」と返事をし，「当日の持ち物は何でしょうか」と尋ねます。最後に「それでは，○月○日○時によろしくお願いします。失礼いたします」と確認をして，相手が電話を切ってから，電話を終了してください。訪問時は，経路を調べておきます。約束時間の15分前までに着けるようにします。早めに着いたら，保育所やその周辺の環境を見学しておくとよいでしょう。事前訪問は原則として公共交通機関を利用し，自転車，自家用車，バイク等の利用は公共交通機関がない場合以外は禁止です。家族や友人による送迎も避けます。これは，授業の一環であるため，通学に養成校側に届け出ている交通手段以外では認められないからです。ただし，通学に認められている場合でも保育所と相談をして決めてください。

　訪問時の服装は，必ずしもスーツが好ましいとは限りません。保育所は「子どもにとっての生活の場」ですので，好ましくないこともあります。事前連絡の時に確認するようにし，自分らしさと相手への配慮を兼ね備えた服装にしてください。また，装飾品等は派手にならないようにします。保育所に到着したら，「○○大学（短期大学，専門学校）の○○（氏名）です」と元気よく挨拶をし，また出会う一人ひとりに笑顔で挨拶をします。靴は揃えて脱ぎ，自分が持参した上履きを使います。保育所のスリッパは使わないようにします。職員室等に通されたら，「失礼します」と一礼をして，入室し，入室したら扉を閉めます。「どうぞ」と言われたら着席してください。お茶等が出されたら，必ずお礼を言います。事前訪問での話は必ずメモをとるようにし，保育所側からの質問には答えるようにします。また，実習生からの質問がないと保育所側は実習生がわかっているものと考えますから，わからないことがあれば，必ず質問してください。帰るときは必ず「ありがとうございました。よろしくお願いします」と言って，「失礼します」と一礼してから保育所を出るようにします。

Q 11 訪問の際に聞いておくべきポイントを教えてください。

A 　実習に関しての必要最低限の情報については，事前に実習保育所と養成校との間で打ち合わせが行われており，授業中に示されます。また，実習中の勤務時間や必要な持ち物，1日の流れなどの基本的なことは実習保育所側から説明されます。また，保育の理念，方針，保育の計画等については，事前にホームページ等で調べておくものです。また，実習生が事前に知っておくべきことは，前述したこと以外に，保育所の歴史や地域の特徴，どのような子育て支援を行っているか，第三者評価の結果，実習期間中，または前後の保育所の行事についてです。これらについては，事前訪問時に具体的なことに限って質問をすることが大切です。たとえば，「他の保育所には見られない行事がありますが，これはどのようなもので，どのようなねらいがあるのですか」等です。基本的には，ホームページなどで紹介されていることについては，あらかじめ事前訪問までに知っておくことです。

　行事の日程については，ホームページで紹介されていますが，それにかかる準備などは記されていません。もし，実習期間中，またその前後に行事が入っているようであれば，どのような行事であるのかを確認して，普段と違う勤務体制になっていたり，特別な持ち物が必要であったり，保育所外に出ることもありますので，勤務時間，持ち物，服装について確認しておきます。

　事前訪問では，保育所から実習指導計画書（保育の計画とは違います。実習生の指導計画が書かれています）が渡されます。事前訪問時に，その計画に基づいて，実習生は，配属予定の各クラスを回り，保育環境を確認し，各クラスの保育者に対して現在の子どものようすを聞いておきます。その時の子どものようす，子どもが好きな遊び，歌，絵本や紙芝居等です。今楽しんでいることが，実習まで続くとは考えませんが，子どもの活動には流れがありますので，実習に入ったときに，どのような流れで，今の遊びに結びついているのか等，その流れを実習生が理解することができます。また，実習生が保育を行ううえでの参考になると考えます。また，子どもの意識の中に入ることが子どもにと

っての「環境」ですから，小学校以上の実習で見られるような，観察・参加・部分実習ということは考えません。観察をしていても，子どもにとって環境となります。子どもとの関わりは，自然発生的に起こってきますから，最初から，保育に入るつもりで，情報収集を行っておいてください。そして，指導実習の日時をこの時点で確認しておきます。指導計画の提出日も聞いておいてください。保育者事前訪問では，自分が指導実習を行うことを想定して，子どものようすを観察しておくと指導計画の立案にたいへん役に立ちます。指導実習といっても，前述したように，子ども中心で考えます。

　子どもの昼食は保育所が提供しますが，保育者についてはすべてがそうではありません。子どもと同じものを提供していただける保育所もあれば，実習生はお弁当を持参しなければならない保育所もあります。主食（ごはん）だけを持参するところもあります。自分のお箸と湯のみだけでいいのか，主食だけでいいのか，おかずも必要かを必ず確認してください。また，実習生にアレルギーがある場合は，事前訪問時に保育所側に伝えておいてください。その時に昼食は「持参する」こと等の指示が出ます。

　実習中は，当然園児たちと関わります。保育者は，一人ひとりの子どもへの関わり方について共通した考えをもっています。その考えを知らないで，子どもと関わりをもつと，保育所全体がそれまで取り組んできた関わり方を崩してしまうことがあります。自分がどう見て，どう判断するのかではなく，保育所が考える関わり方に沿って保育をしていくことが大切です。すべての子どものことを理解しておくことは難しいことなので，接し方に特に配慮が必要と思われる子どもについては，その子の情報，そして保育所としての保育の方針について聞いておくとよいでしょう。ただし，実習中に得た情報に関しては，守秘義務がありますので，保育所以外で口外しないようにしなければなりません。

　また，子どもの名前の呼び方や保育者の子どもからの呼ばれ方についても確認してください。「さん・くん」で読んだり，「ちゃん」だけで呼んだり，ニックネームで呼んだりと様々です。単純なことのように思えますが，そこに至るまでに保育所としても様々な話し合いがもたれています。実習生としても自分なりの保育方針がありますが，保育所は子どもの生活の場です。実習を行う時間より長い時間を子どもたちは保育所で過ごすのですから，子どもの生活を安定させるためには保育所の方針をよく理解しておきましょう。

Q12 訪問の際に保育のようすを見学できますか？

A 　保育所実習の初日から保育に入るため，保育所の保育環境や子どものことを知らなければなりません。また，保育の方法，保育者の関わり方，保育者同士の連携について知るために，保育のようすを見ておかなければなりません。保育所側は保育所実習に入る前に，実習生が，上記のことを理解しておかなければならないと知っていますので，事前訪問の際には，必ず保育のようすを見学できるようにと考えています。保育のようすを見学することが，実習生が実習で充実した学びを得るために必要なことですから，見学の時に，保育室の配置や室内の備品の配置，園庭の状況や遊具の配置等をメモしておくことが必要です。子どもの遊び，好きな絵本，好きな歌を知ることは，その時の子どものことを理解するうえで参考になります。

　実習前に保育所の子どもと接する機会はあまりないと思います。また子どもと接する機会をもっても，実習保育所の子どもとは同じとは限りませんから，実際に実習先の保育所に通っている子どもの実態を養成校で教わったことを思い出しながら，子どものイメージを深めておいてください。

　さらに，保育者のようすを見ておくことが必要です。自分が実習をするときの服装，髪型などの参考になります。実習に入ったら，保育中にはどんな仕事があるのか，どう動けばいいのか，子どもと話をするときはどんな口調で，どんな雰囲気で話をするのか，実際に保育者の仕事や動きについて意識しながら，自分の目で見ておくことで実習中の子どもとの関わり方や自分の動き方に役に立ちます。特に，チーム保育を行っているところでは，先輩・後輩の順列ではなく，その時の状況に合わせて自分で判断して動くことが求められています。指導実習を除いて，実習生がリーダーやサブリーダーになることはありませんので，アシスタントの動きをよく理解して，「指示待ち」にならないようにすることが大切です。指導実習では，リーダーになることがありますから，その時のことを想定して，リーダーの動きをよく観察するようにしてください。

Q13 訪問した印象で，実習保育所が自分と合わないような気がしますが？

A 第一印象だけで，保育所が自分に合わないと判断してしまうのはどうしてでしょうか。知人がいなく，初めての環境で，資格や成績と深く関わっている実習では，不安がつきものです。また，実習の事前指導の中で，実習の厳しさに重きを置いて説明されていると不安が増大します。そのような不安が，「自分と合わない」と判断させることがあります。しかし，実習保育所は，養成校側が決めるにあたり，その保育所の保育理念や保育方針等，実習指導の体制や方法についてよく理解したうえで，実習生に合わせて選考しますから，選考がきちんとなされている限り，決して実習生に合わないところではありません。むしろ，緊張の中で経験する保育所の雰囲気や事前指導を受けた保育者の印象と不安から，「合わない」と判断してしまっているのかもしれません。自分に「合わない」と判断する理由は様々ですが，第一印象だけで，そのように判断することは，せっかくのチャンスを逃してしまう恐れがあります。

　もしも，実習保育所が自分と「合わない」と思ってしまったときは，自分だけで判断するのではなく，より多くの正確な実習保育所に関しての情報をもつことが大切です。事前訪問の前に，ホームページなどで保育所の情報を集め，第三者評価を見て，保育所のことを理解しておくことから，自分が不安に感じていることについて触れていることはないかと考えます。それで，自分が誤解をしてしまっていることに気がつくかもしれません。それでも不安が解消されない場合は，養成校の教員に実習保育所の評価を聞きましょう。養成校の教員は，保育に精通していますから，実習保育所についても保育の特徴を見抜く力を持っています。また，何回も保育所に訪問していますから，施設長や保育者とも交流があり，保育所内部のことはよくわかっていますので，自分が気になったことを聞いてみて，自分が気づかなかったことを聞いたり，専門家による保育所の話を聞いたりすることで，第一印象で抱いた不安が解消され，実習保育所の特徴をよく理解することで，実習で学べるポイントを理解して，実習に前向きになれると考えます。

Q 14　子どもを知ることが大切だと聞きました。子どものことは知っているつもりですが？

A　子どもを知ることは大切なことです。では，具体的にどうすれば，子どもを知ることになるのでしょうか。そのためには，子どもの表情や言葉，行動など外面に表れたものを通して，その内面を理解しようと努力するしか方法はないのです。また，子どもの内面をもっと深く理解するには，「子どもの言葉や行動をその子の生活の歴史の中で必然的なものとして理解し受け入れる」ことがさらに必要になるのです。保育所で生活する子どもは，一人ひとりにそれぞれの家庭の状況があります。ありのままの子どもを受け入れ，理解するということは，客観的に見ているだけでは何も見えてこないのです。そこに共感的理解の姿勢が求められるのです。子どもは自分がだすサインに気付いてくれ（受容），そして瞬時にこたえてくれる（共感してくれる）人に対して心を開き，安心感を得て自己を発揮していきます。その人を実感し，求めているのです。保育とは，子ども理解に始まり，子ども理解に終わるといわれていますが，一人ひとりの子どもの内面を理解することが保育の基本なのです。

　たとえば，3名の子どもが砂場で遊んでいます。見た目には同じ興味や目的をもって遊んでいるかのように見えますが，よく観察してみると，一人ひとりの思いがちがうことに気付きます。この場合も，「砂場で3名の子どもが遊んでいる」と捉えるのか，「Aちゃんはコップに砂を入れてプリンをつくっている」「Bちゃんはスコップで砂をすくってはさらさらとこぼし，すくってはこぼしている」「Cくんはコップに砂を入れてどうぞと隣のAちゃんに渡している」と捉えるかによってちがうのです。この事例から，子どものことを知るということは，たんなる行動として捉えるだけではなく，その内面を理解し，その気持ちに共感する姿勢が必要になります。このように，1人で遊ぶことに興味を示しているAちゃんと友達の存在に気付き関わろうとし始めているCちゃんの思いはちがうのです。このちがいを理解することが保育者には求められているのです。子どもを知ることはそんなに簡単なことではないのです。

Q15 乳幼児期の子どもたちの特徴を知りたいのですが？

A 　乳幼児は，人間として発達していく過程の中で，最も著しい発達を見せる時期です。特に年齢が低いほどその変化は著しく異なり，月齢による個人差が大きい時期です。保育を行うときには，一人ひとりの子どもの心身の状態を把握しながら援助することが求められます。年齢別のおおまかな発達の特徴を捉えることで，遊びや活動計画，関わり方をイメージすることができます。ここでは，一般的な発達の特徴について簡単に説明します。

〈0歳児〉

　生後4～5か月ごろになると寝返りができるようになり，6～7か月ごろには座位の姿勢から，四つばいを開始します。9か月ごろになると，つかまり立ちをするようになり，視野は広くなり，探求心が旺盛になります。自分で自由に行動できるようになると興味のあるところにいき，じっと考え込んでいるような姿が見られます。生後7～8か月ごろになると，見知らぬ顔に出会うと不安になり泣き出し，人見知りが始まります。不快な状態を伝える「泣く」声に高低をつけて伝えようとし，泣きかたで自分の気持ちを表現する姿が見られ，10か月ごろには，喃語も会話らしい抑揚のあるものになります。その後いくつかの意味のある言葉（一語文）を話すようになります。

〈1歳児〉

　一人歩きができるようになり探索行動が盛んになります。何でも自分でやりたがる姿が見られ，自己主張も激しくなり，自我の芽生えが見られます。生活空間が広がり，身近な人の模倣を好み，拒否を表す片言を言うようになります。運動機能の発達がめざましく，つまむ，めくる，通す，転がす，はずす，なぐりがきをする，スプーンを使う，コップを持つことなどができるようになります。1歳児後半には，「マンマ　ホシイ」などの自分の欲求を伝える二語文も話すようになります。また，大人が話している生活用語を理解していき，「か

して」「ちょうだい」などの言葉のやり取りを通した遊びもできるようになります。

〈2歳児〉

　自分でできることが多くなって自己主張も強くなり手こずることが多くなります。言葉の獲得によって語彙が増え，「どうして？」「これなに？」という質問が多くなります。走ったり跳んだりと活発に身体を使えるようになりますが，見通しや調整力が未熟なため，けがにつながることが多くなります。一方では「じぶんで」という意思が強くなる一方で，なかなか自分の思うようにいかずにカンシャクを起こしたり，反抗したり，時には「できない」などと甘える姿が見られます。

〈3歳児〉

　自我が確立し，自己発揮が盛んになりますが，まだまだ大人への依存も強い時期です。徐々に友達の存在に気付き始め，いっしょに遊ぶ楽しさを知っていきますが，言葉より先に手がでることも多くなり，けんかも多くなる時期です。思いどおりにならないことを経験しながら人の気持ちを理解できるようになります。

〈4歳児〉

　日常生活における基本的な生活習慣はほとんどできるようになります。身体を動かして遊ぶことが好きな時期です。また，相手の気持ちを聞こうとする姿も見られ，トラブルも自分たちで解決しようとするようになります。

〈5歳児〉

　生活の見通しをもって行動ができるようになります。遊びにおいても，友達と協力したり工夫したりする姿が見られます。知識も豊富になり，大人のような言葉を使ったりしますが，感情の揺れが激しい時期になります。友達の気持ちを理解し，受け止められるようになりますが，友達から言われた言葉に傷ついたり，自分の失敗を気にしたりする姿も見られます。つまずきや葛藤をくり返してとまどう姿が見られますが，乗り越える力も育ってきており，充実感をもって，安定した生活を楽しめる姿が多く見られるようになります。

Q16 特に乳児の特徴について詳しく知りたいのですが？

A　乳児期の成長・発達を捉えるうえで大切なことが2つあります。1つは，子ども自身が〈育つ〉力を信じるということです。もう1つは，〈個人差〉があるということです。この時期の子どもにとっては環境との関わりが大きく影響します。日常の保育活動は一人ひとりの子どもの条件に応じた関わりでなければなりません。また，乳児の生活の場としてはあたたかい家庭的な雰囲気が必要です。物的環境ももちろんですが，保育者自身がいちばん身近な環境であることを自覚しておくことが大切です。ここでは，全体的な特徴について，「保育所保育指針」第2章の「子どもの発達」を参考にしながら（おおむね2歳まで）見ていくことにします。

〈おおむね6か月末満〉

　子どもは生まれたときから外界に働きかける力をもっています。自分の欲求や生理的な快・不快を泣くことや微笑することで伝えようとします。泣く行為に抑揚をつけて訴えるようになります。特定の親しい人との関わりが芽生え（基本的信頼感の芽生え），やがて特定の大人との情緒的なつながりが形成され，愛着関係へと発展していくのです。首がすわる3か月ごろには，頭を自由に動かして動くものを目で追う（追視）をするようになります。5か月ごろには，見たものに手をのばしてつかもうとし，やがて目と手を使って遊ぶ姿が見られるようになるのです（目と手の協応）。

〈おおむね6か月～1歳3か月末満〉

　6か月ごろに寝返りをするようになり，7か月ごろにはひとりで座れるようになり，両手が自由になるので9か月ごろには両手に持っているものを打ち合わせたり，玩具を一方の手から他方の手へ持ちかえることができるなどの遊びが発展していきます。6か月を過ぎるころから，親しい特定の人を求めて泣くという姿が見られますが，そばにいた人がいなくなると泣くようになったり（8か月不安），見知らぬ人に声をかけられると泣く〈人見知り〉が現れてきます。

　1歳前後ごろには歩行が始まります。活動範囲が広がると探索活動はますます活発になり，目的や意思が明確に行動として現われてきます。ほしいものなどを指さしをするようになり，「○○はどこ？」と聞くと指さしでこたえるようになります。1歳前ごろになると，自分の名前を呼ばれると声を出したり，手をあげてこたえられるようにもなります。また，「ちょうだい」「どうぞ」といった言葉を介してのやり取り遊びができるようになります。ものを媒介とした人との気持ちのやり取り（三項関係）は次第に，絵本の中のおにぎりをとって食べるまねをするふり遊びへと変化していきます。そして，意味のある言葉（一語文）を使うようになります。また，大人の使う言葉や行動を模倣するようになっていきます。

〈おおむね1歳3か月〜2歳未満〉

　歩き始めた子どもの運動機能はめざましいものです。身近なものに自分から働きかけ，つまむ，めくる，通す，はずす，なぐりがきをする，転がす，スプーンを使う，コップをもつなどの運動の種類が豊かになっていきます。保育者や友達と物のやり取りや見立て遊びを楽しむ姿が見られます。人の言うことがわかるようになり，自分の思いどおりにならないとだだをこねたり，「いや」という言葉を使っての拒否が始まります。指さし，片言で自分の思いを伝えようとする姿も盛んに見られ，1歳児後半には，「ママ　ホシイ」などの二語文を使えるようになります。

〈おおむね2歳〉

　歩く，走る，跳ぶといった基本的な運動機能や指先の動きも発達し，自分のことは自分でしようとする姿が見られます。日常生活に必要な言葉もわかるようになり，欲求や要求を言葉を使って表すようになります。また，「自分」という観念が芽生え，名前を聞くと姓と名を言うことができ，友達に「〜しようか？」と誘う姿が見られたり，「〜してもいい？」と許可を求めにくる姿が見られるようになります。模倣する姿が盛んに見られ，大人といっしょに簡単なごっこ遊びを楽しめるようになります。そして，「パパ　カイシャ　イッタ」というような多語文が出始め，「なーに？」という質問攻めにあうことが盛んになります。

Q 17 子どもの特徴をより深く学ぶ方法はありますか？

A　実習開始までに，実際の子どもの姿を知っておくことはとても大切なことです。最近は，自分の生活する周囲に小さな子どもがいないために，実習が最初という場合も多々あると思います。できれば実習までに，各園で実施されている行事やインターンシップなどに積極的に参加することが大切です。保育所では運動会や作品展，生活発表会などを地域に公開していますので，自分から進んで見学したり，大学への依頼でボランティアを募集されている場合もありますから，情報を収集し，実際に子どもと触れ合う機会を多くもつことで，年齢ごとの特徴を理解できると思います。しかし，現実問題として，子どもと接する機会がまったくない場合は，テレビやビデオを視聴して学んでもよいでしょう。「おかあさんといっしょ」などの子ども番組の視聴を通して，子どもたちの表情や動きを間接的に学べると思います。また，教材ビデオなどの視聴覚教材を活用するとよいでしょう。この教材用のビデオは，実際の保育現場での生活や遊びを映像記録して販売されているものです。このような視聴覚教材を通して，子どもの視点や関わり方を学ぶことも大切です。たとえば，岩波映画社製作「保育をみる目—先生ってなんだろう」，「いいこといいこと考えた—遊びでひろがる数量の世界」，「せんせい　せんせい」などがあります。各養成校の図書館や地域の子育て支援センターなどで貸し出しを実施している場合もありますから活用するとよいでしょう。また，休日を利用して，近所の公園などで遊んでいる子どもと接してみるのもよいでしょう。しかし，その場合はその子どもの保護者に同意を得ておくことを心がけてください。最初は子どももとまどうでしょうから，その保護者から，子どもについての話を聞いたり，子育てについて教えてもらったりするとよいでしょう。現在，保育者には子育て支援の役割も担うことが求められています。子育て中の方と接してその実態を把握できるチャンスですから，積極的に質問してみましょう。

Q 18　ピアノはどれくらい弾ければよいのですか？

A　実習園によって，ピアノの使用頻度はかなりちがいます。実習開始までに，実習園でのオリエンテーションなどで確認しておきましょう。

ピアノは，歌の伴奏のときだけでなくリズム遊びなどでも使うことが多いですから，日ごろからの練習は欠かせません。両手で演奏しながら歌を歌うくらいのレベルが要求されますから，実習園で使われている生活の歌，季節の歌，今月の歌など，実際に使用されている曲については，事前に楽譜をもらって，実習開始までにしっかりと練習しておくことが大切です。

実際の保育の場では，歌を歌うときは子どもの顔を見ながら，子どものテンポに合わせてピアノを弾くことが求められます。そのためには十分に練習しておくことが必要となります。ピアノ技能は，練習をどの程度しているかに比例してその技能は高まっていきますから，苦手意識を克服して，練習量で自信をつけ，実習に臨むことが大切です。ピアノの上達には努力して練習することが一番です。練習時間を見つけてこつこつと積み上げていくしか方法はないと思います。しかし，たんにピアノが弾ければよいというものでもありません。音楽の美しさや楽しさをピアノで伝えていくのだという気持ちをもって，自己研鑽を積んでおくことが実習生の心がまえとして重要なことです。子どもの好きな曲を演奏できると子どもといっしょに楽しめると思いませんか。また，子どもの動きに合わせてピアノで表現できれば，子どもの動きが生き生きと変化するはずです。子どもたちは，生まれたときから，とんとんとんというリズムや子守歌を心地よく聴きながら育ってきています。日常生活においても，リズムや音楽は切っても切り離せない密接な関係があります。たしかに，音楽活動はピアノだけではありません。ピアノ以外に楽器が演奏できるというのはとても魅力的なことです。いずれにしても子どもの歌声や動きに合わせて即応できる音楽関連の技能を高めておくことが必要です。

Q19 歌や手遊び，ダンスなどはどのくらい知っておいたほうがよいですか？

A 乳幼児期の生活の中で欠かすことのできない歌や手遊びは数多く知っておき，事前に何度も練習をしておくことが必要です。友達同士で子ども役と先生役になって模擬体験をしておくことをおすすめします。また，いまの子どもが興味をもっているアニメソングや子どもの歌などを知っておくと，子どもと親しくなれるきっかけをつくることもできます。ただ，アニメを保育にもちこむことに抵抗を感じている保育所もあるので，実習園に尋ねておくことも必要です。子どもは歌が大好きです。たとえば，砂遊びで砂の山をスコップでたたきながら，「ぺったん　ぺったん　ぺったんこ」とリズミカルに歌を口ずさんだり，体をゆらしながらふしをつけて歌ったりする姿が見られます。子どもは，心が安定しているときには，リズミカルな歌が自然にでてくるのです。表現することがとても好きなのです。また，保育で日常的に歌われている歌には，「おはようのうた」などの生活の歌や「春が来た」などの季節の歌，生活発表会の行事に向けてクラスで取り組んでいる歌などがあります。このような歌は，歌詞やメロディをしっかりと覚えておくことが必要です。また，実習園で歌唱指導をする場合もありますから，子どもたちといっしょに歌う場合は，言葉を明確に発する姿勢が望まれます。最近は，童謡を知らない人が多く見られます。童謡などのゆったりとしたメロディは，日本の文化として大切ですから保育に意識的に取り入れていく必要があります。自信がない場合は，もう一度音楽曲集を見直して歌う練習をしておきましょう。また，自分自身が幼いころに好きだった歌を思い出してみてもいいかもしれません。

リズムに合わせて表現する活動やダンスについても，基本的な動きを身に付けておくことが望まれます。感覚器官が最も発達する幼児期は，体の動きを通して表現し，五感へ働きかけることにより，表現力・集中力・創造力を育てます。そして，さらには知能への発達へもよい影響を与えます。子どもが楽しく取り組めそうなダンスや歌詞に合わせて動ける曲を探しておくとよいでしょう。「大きな栗の木の下で」などは，歌詞に合わせて簡単な動きができる題材です。

同じ曲であっても，自分でアレンジしたり，年齢に合わせて変化させたり，子どもといっしょに動きを考えたりすることが重要になります。子どもは体を動かすことがとても大好きです。ダンス自体を堅苦しく考えずに，子どもといっしょにどうすれば楽しく動けるのかを考えながら，動く楽しさを味わうとよいでしょう。音楽に合わせて自由な発想で表現できる能力を身に付けておくことが大切です。苦手意識が高い人は，実際にプロのダンスを鑑賞したりするなど，見ることを通して動きを学んでおくとよいでしょう。

　手遊びは歌いながら手や指を動かして遊ぶ遊びです。場所も道具も選ばずに実施でき，リズム感を養うことができる手軽な遊びです。手遊びの種類は数多くありますが，保育においては，伝承的なものや単純なくり返しを楽しむものが多く取り入れられています。なんといっても，子どもとの対面で実施できるので，子どもの表情や動きを感じながら，いっしょに楽しむことができ，スキンシップをとることもできます。保育実践においては，活動と活動の間や設定保育の導入やちょっとした待ち時間に実施されることが多いようですが，子どもを管理する手段として濫用しないようにしなければならないでしょう。手遊びは，お座りができるようになった乳児クラスから実施できます。月齢の低いクラスでは，保育者が楽しそうに表情に変化をつけて手遊びをしている姿をじっと見て，楽しんでいる表情が見られます。同じ手遊びをくり返し行うことで，子どもも部分的に参加して楽しむようになっていきますので，実習園で実際に使われている手遊びを観察し，練習しておくことが望まれます。「とんとんとんひげじいさん」や「グーチョキパーで何つくろう」などは，子どもが大好きな手遊びです。年齢が高くなると，同じ手遊びでも，リズムや強弱で変化をつけたり，言葉をかえて「アンパンマン」や「ドラえもん」バージョンなどにするなど，自由な発想で楽しめるものになります。手遊び集はかなり多く市販されています。実習生に新しい手遊びを求められることもありますから，自分も楽しめるものを探しておき，しっかりと練習していくことも必要なことです。日常生活において，リズムや音に親しみ，音を身体で表現できるように日ごろから心がけておくようにしたいものです。

Q 20 保育所の役割について教えてください。

A 　保育所は保護者に代わって養護と教育が一体となった乳幼児の保育を行うこと，すなわちケア・ワークがおもな機能といえます。一方で，今日の保育所の役割として強調されているのが，保護者からの乳幼児の保育に関する相談に対する助言を行うことです。これはソーシャル・ワーク機能であるといえます。つまり保育所で働く保育者は，ケア・ワークに重点をおいたソーシャルワーカーと位置づけることができます。

　保育所では子ども・子育て支援制度における施設型給付の支援が行われています。この施設型給付の対象となる子どもは「保護者の労働または疾病その他」の事由によって，「家庭において必要な保育を受けることが困難」と認定された子どもたちです。

　一方，地域子ども・子育て支援事業としての「延長保育事業」や「一時預かり事業」なども行われています。「延長保育事業」とは，保育認定を受けた子どもについて，通常の利用時間以外の日や時間において保育を実施する事業です。また，「一時預かり事業」とは家庭において保育を受けることが困難となった乳幼児を一時的に預かり，必要な保護を行う事業です。つまり延長保育の対象はその保育所に通園している子どもですが，一時預かりにおいては，普段その保育所を利用していない子どもも対象となります。また，地域の人たち誰でも利用できる「地域子育て支援拠点事業」を実施している保育所もあります。

　このように，保育所は在園している子どもたちだけではなく，地域の子どもたちや保護者たちが子育て支援の場として利用できる地域の資源となっています。保育所保育指針においては保育所の役割として次の4つをあげています。①保育を必要とする子どもの保育を行うこと。②家庭との連携の下に養護及び教育を一体的に行うこと。③入所する子どもの保護者に対する支援及び子育て家庭に対する支援を行うこと。④子どもを保育するとともに，保護者に対して保育に関する指導を行うこと。これらの責務は常に子どもの最善の利益を考慮し，倫理観に裏付けられた専門知識，技術及び判断をもって行われています。

保育所での保育内容を教えてください。

A 　保育所の保育内容については，保育所の根拠法である児童福祉法に規定はなく，児童福祉施設の設備及び運営に関する基準（厚生労働省令）第35条に「保育所における保育は，養護及び教育を一体的に行うことをその特性とし，その内容については，厚生労働大臣が定める指針に従う」と定められています。この規定に基づき，保育所の保育内容を示したものが「保育所保育指針」です。

1．「保育所保育指針」の歴史

　1963（昭和38）年の文部省・厚生省（当時）による共同通知で，保育所での3歳以上児の教育機能については「幼稚園教育要領に準ずることが望ましい」と確認されたことからはじまります。それを受け，1964（昭和39）年改訂の「幼稚園教育要領」に準ずる形で，翌年に「保育所保育指針」が厚生省から示されることとなりました。以後，「幼稚園教育要領」が改訂されるたびに，「保育所保育指針」も改訂（改定）されていくという歴史をたどっています。現行の「保育所保育指針」は，1990（平成2）年と1999（平成11）年，2008（平成20）年における3度の改訂（改定）を経て，2017（平成29）年に示され，翌年度から適用されたものです。なお，かつて保育実践を行うにあたってのガイドラインとして作成されていましたが，2008年版 からは，「幼稚園教育要領」と同じく，法的拘束力をもつ「告示」文書という位置づけに改定されています。

2．「保育所保育指針」にみる保育の原理

　保育所は，児童福祉法第39条に基づき，保育を必要とする乳幼児を保育し，その健全な心身の発達を図ることを目的とした児童福祉施設です。子どもが生涯にわたる人間形成にとって極めて重要な時期に，その生活時間の大半を過ごす保育所の保育は，入所する子どもの最善の利益を考慮し，福祉を積極的に増進することに最もふさわしいものでなければなりません。保育所は，そうした目的を実現するため，「保育に関する専門性を有する職員が，家庭との緊密な連携の下に，子どもの状況や発達過程を踏まえ，保育所における環境を通して，

養護及び教育を一体的に行うことを特性としている」のです。

3．保育の目標・方法・環境と社会的責任

　保育の目標は，子どもの保育と保護者の支援について掲げられており，前者に関しては，「養護」的な側面と「教育」的な側面に相当する目標が6つ示されているものの，実際の保育では「養護及び教育を一体的に行う」こととなります。保育の方法・環境については，「倫理観に裏付けられた専門的知識，技術及び判断をもって，子どもを保育するとともに，子どもの保護者に対する保育に関する指導を行う」ためにも，子どもの主体性の尊重や健康・安全面への配慮などを踏まえ，計画的な環境の構成が求められました。また，人権に対する配慮や地域との連携，説明責任・個人情報への留意も示されています。

4．保育内容構成の基本方針

　保育の内容は，「ねらい」と「内容」，「内容の取扱い」で構成されています。「ねらい」は，「保育の目標をより具体化したもの」であり，「子どもが保育所において，安定した生活を送り，充実した活動ができるように，保育を通じて育みたい資質・能力を，子どもの生活する姿から捉えたもの」だとされており，実際の保育においては「養護及び教育」が一体となって展開されねばなりません。そして，「内容」は，その「ねらい」を達成するために，「子どもの生活やその状況に応じて保育士等が適切に行う事項」（「養護」に関わる内容）と「保育士等が援助して子どもが環境に関わって経験する事項」（「教育」に関わる内容）という2つからなり，後者には「内容の取扱い」も示されています。

　「養護」とは，「子どもの生命の保持及び情緒の安定を図るために保育士等が行う援助や関わり」をいい，第1章「総則」の2「養護に関する基本的事項」において，「生命の保持」と「情緒の安定」の柱立てで「ねらい」や「内容」を整理しています。また，「教育」とは，「子どもが健やかに成長し，その活動がより豊かに展開されるための発達の援助」であり，「幼稚園教育要領」に示された「健康」「人間関係」「環境」「言葉」「表現」の五領域で構成されるものです。

　「保育所保育指針」における保育内容の示され方は，年齢別に構成されたり，誕生から就学までの長期的視野をもっての子ども理解に立ち，保育内容の基本的事項のみに限定して，その大綱化が図られたりと変遷をしてきました。現行版の第2章「保育の内容」では，「教育」の「ねらい」と「内容」が，「乳児」

と「1歳以上3歳未満児」,「3歳以上児」という3つの区分で示されています。「乳児」については,身体的発達に関する視点「健やかに伸び伸びと育つ」,社会的発達に関する視点「身近な人と気持ちが通じ合う」,精神的発達に関する視点「身近なものと関わり感性が育つ」としてまとめられており,「1歳以上3歳未満児」からは,前述した五領域が導入されるという形です。

5. 保育の計画と評価

　保育所では,保育の目標を達成するため,保育の基本となる「全体的な計画」を編成するとともに,これを具体化した「指導計画」を作成する必要があります。「全体的な計画」は,幼稚園での「教育課程」に該当するものであり,かつて「保育計画」や「保育課程」とよばれていました。「指導計画」には,長期的・短期的なものがあり,発達過程に応じた保育や長時間の保育,障がいをもつ子どもへの対応,小学校・家庭・地域社会との連携などに留意して作成されなければなりません。また,保育内容などの自己評価をするにあたっては,保育士等による保育実践の評価と保育所全体での評価,それら評価を踏まえた計画の改善も求められています。

6. 子どもの健康・安全

　保育所において,子どもの健康と安全は極めて重要な事項になります。乳児の心身の状態に応じた保育が行えるようなきめ細やかな配慮が必要です。「保育所保育指針」の第3章「健康及び安全」では,子ども一人ひとりの心身の状況や発育・発達状況を把握して,健康増進や疾病等への対応をするとともに,食育の推進と環境・衛生・安全管理,災害への備えが求められています。

7. 保護者に対する支援と職員の資質向上

　養育機能の変化に伴う多様な保育ニーズへの対応が求められているなか,通常の保育のほか,延長保育や障がいをもつ子どもの保育,一時保育,子育て相談など,保育所は重要な役割を担うことになりました(「保育所保育指針」の第4章「子育て支援」)。そのためには,施設長はじめ,職員全員が研修等の意義・必要性について共通理解をもち,資質向上を図るなど,保育士の人間性と専門性を高めるための機会が求められます(第5章「職員の資質向上」)。

　以上のように,「保育所保育指針」では,保育所の目的を踏まえ,その保育内容の基本となる事項を押さえる一方,保育の計画・評価や保護者に対する支援などの重視すべきことがらが示されているのです。

Q22 いろいろな保育形態について教えてください。

A 　保育現場においては，保育内容におけるねらいを達成するための指導法が必要となります。これを保育方法といい，保育形態はその一部と考えられます。具体的には子ども一人ひとり，もしくは小集団の興味関心に基づいて行う自由な活動，集団で行う活動，異年齢保育，コーナー保育などの言葉で表されるものです。子どもの側から見るとその活動形態を，保育者の側から見るとその指導形態を意味するのが保育形態です。

　自由な活動とは，子どもそれぞれが自発的に行う自由遊びに基づいた保育のことをいいます。保育所でよく展開されているのは，登所後，クラス全体の活動が始まるまで，おのおのの興味関心に基づいて行う活動です。保育所によっては「自由保育」「自由活動」などとよばれている時間です。集団で行う活動はクラス全体で行う活動が代表的なものでしょう。保育所によって「一斉保育」や「設定保育」とよばれる時間です。実習生にとっては指導案を書いて行う「責任実習」や「部分実習」などの時間であるともいえるでしょう。朝の会など日常的に同じ流れがあったり，ねらいに基づいてクラス全員で同じ活動を行う時間であったりします。集団で行う活動であるとはいえ，主体は子どもたちです。一斉に行われる活動であっても，その計画は「いま，ここで」子どもたちに育っていっている力が何であるかを見極め，ねらいを設定し，そのねらいを達するための内容を考えていくことが必要です。また自由な活動の時間においても，それが放任する内容となっていれば保育とはいえません。自由な活動の中で一人ひとりの子どもの興味関心がどこにあるのかを観察し，その中で何が育っているのかを見極め，援助する力が求められます。

　また，同じ年齢の子どもの構成される集団での活動ばかりではなく，異年齢集団で構成される場合もあります。日常的に異年齢のクラス編成で活動している保育所もあれば，特別な場合に異年齢編成をしている保育所もあります。たとえば，異年齢編成でお店屋さんごっこの行事保育を行うなどです。「解体保育」「異年齢保育」といった言葉で示されています。また異年齢集団がどのよ

うに構成されたかによって，「コーナー保育」「グループ保育」といった言葉に
よって示されることもあります。コーナー保育は，子どもたちが興味関心をも
っている活動が自由にできる，いくつかのコーナーを設定した保育です。たと
えば木工コーナー，ビーズ制作コーナー，パズルコーナーなど数種類の活動を
設定し，子どもたちが主体的にそれらの活動に取り組めるようにします。この
場合も，在所している子どもたちの興味関心を見極めて設定することが必要と
なります。グループ保育とは異年齢の子どもたちが数人でグループとしてまと
まり，生活や遊びを共にするものです。生活グループとして，保育者が意図的
に構成する場合もありますし，異年齢とはいえ，何らかの形で自然に構成され
ている場合もあります。自然に構成された場合は，構成が流動的であったり固
定的となったりすることから，より配慮が必要となる場合もあります。異年齢
保育は3，4，5歳児を対象とすることがほとんどですが，グループ保育は2
歳児以下のクラスにおいて編成されることがよくあります。異年齢保育では年
長児が年少児を思いやる気持ちが育ったり，年少児が年長児を手本として挑戦
する気持ちが高まったりするなど，同年齢集団では見られない発達を期待する
ことができます。

　また，定型発達の子どもたちのクラスに障がいのある子どもたちが入る保育
を「統合保育」「インクルーシブ保育」といいます。現在，ほとんどの保育所
が障がいのある子どもを受け入れている現状があります。この保育においては
障がいのある子どもの育ちを期待するだけにとどまらず，定型発達の子どもた
ちにとっても育ちを期待するものとして捉えることができます。

　これらいずれの形態のどれかが正解ということはありません。どのような形
態であっても，子ども自身の主体的な活動が保証されるものでなくてはなりま
せん。もちろん，発達にしたがって「しなければならない場面」に対応するこ
とも必要となってきます。そうしたときであっても，主体的に取り組めるよう
な保育を構成することが求められているでしょう。またいずれの形態であって
も，そこで子どもたちに何が育っているのかを見極めること，また保育者とし
ての関わりに対する評価をすることが求められます。

Q23 保育所・認定こども園・幼稚園について教えてください。

A ### 1．教育の内容は同じです（3歳以上児）

　2018（平成30）年4月，保育所保育指針，保育連携型認定こども園教育・保育要領，幼稚園教育要領の三法令が改正・改訂され，3歳以上の教育内容については保育所，認定こども園，幼稚園の整合性が図られました。

2．保育時間や子育て支援機能など運営面も同一化の傾向です

　保育所や認定こども園は親の就労等によって保育時間が長いイメージでしたが，幼稚園が預かり保育を実施するようになり，実質的な差は縮まる傾向です。認定こども園で義務化されている子育て支援機能も園の方針により保育所や幼稚園でも実施されています。0歳から対象とする保育所・認定こども園，3歳からの幼稚園が違いになります。

3．法人（保育所）の理念や建学の精神，地域性に着眼しましょう

　私立園では法人の理念や建学の精神により基本方針が定められ，教育・保育の内容，方法等に特色があります。種別よりも園の方針や特色に着眼することが大切です。また，人口動向や地域の実態，ニーズに応じ，保育所や認定こども園のみを運営している市町村もあります。園や行政発行のパンフレット，ホームページ等を参照しましょう。

4．子どもの認定区分について理解しましょう

　「保育所」「認定こども園」「幼稚園」等の教育・保育を利用する子どもについて3つの認定区分が設けられ，利用できる園が異なります。この区分や法的役割等については下表を参照してください。

Q23-表1　認定区分のちがい

	保育所	幼保連携型認定こども園	幼稚園
法的役割	厚生労働省 児童福祉法 児童福祉施設	厚生労働省・文部科学省 認定こども園法 児童福祉施設・学校	文部科学省 学校教育法 学校
対象児童	2・3号認定	1号・2号・3号認定	1号認定＋預かり保育
	1号認定：3歳以上，定期的な保育の必要がない 2号認定：3歳以上，保護者の就労や疾病等により保育の必要がある 3号認定：3歳未満，保護者の就労や疾病等により保育の必要がある		
資格	保育士資格	幼稚園教諭免許と保育士資格	幼稚園教諭免許

Q24 認定こども園では，お弁当と給食の両方の子どもがいるのでしょうか？

A

1．多様な園児への配慮ある保育の一環として給食を提供しています

　認定こども園は，保育の必要がない3歳以上（1号認定）の子ども，保育の必要がある3歳以上（2号認定），0～3歳未満（3号認定）の子どもが共に生活する場です。幼保連携型認定こども園教育保育要領では，特に配慮すべき事項として「0歳から小学校就学前までの一貫した教育及び保育を園児の発達や学びの連続性を考慮して展開していくこと」が規定されており，原則的に全員が給食を食べています。

2．給食は食育の充実を図る教育・保育の柱です

　各園では，教育及び保育の内容ならびに子育ての支援に関する全体的な計画において，健康な生活の基本として食育計画を盛り込むなどの創意工夫を行っています。給食レシピの紹介や料理教室など子育て支援計画と連携する特色ある取り組みが多く見られます。

3．食に関わる体験を積み重ね，食べることを楽しみ，食事を楽しみ合う園児に成長することを願い，給食を提供しています

　食事は生命の根本，食材は自然の恵みです。農業，漁業等に携わる人々，献立の作成や調理に関わる人など，本当に多くの方々のお世話になります。また，ままごとやお店屋さんごっこ等の食体験が由来の遊びや，生命の不思議を感動のうちに科学する野菜の栽培，憧れを育む生産者さんとのふれあい，買い物等の経験を友達と一緒に積み重ねていきます。この貴重な生活体験を通して，子どもは，いただきます，ごちそうさま，おかげさま，もったいない，という言葉のもつ意味やものや人へ感謝する感覚を育んでいきます。

4．配慮が必要な際は個別で，行事等のときは全員でお弁当を食べます

　食物アレルギーや宗教・文化的背景から食物制限のある園児への給食の提供では代替食や除去食等の配慮が必要です。提供が困難な場合は，個別に家庭で用意したお弁当を食べることがあります。また，遠足や園外保育時には戸外でお弁当を味わうこともあります。この場合は，基本的に全員がお弁当になります。

Q 25 保育所・認定こども園の１日の保育の流れと年間行事を教えてください。

A

１．１日の保育の流れ

　保育所は乳児前期（０歳），乳児後期（１歳以上３歳未満）から幼児期（３歳以上）まで幅広い成長段階の子どもが過ごしています。それぞれの成長の課題に応じて１日の保育の流れは考えられています。

〈登園〉

　子どもは保護者といっしょに１日の生活準備（衣類の準備など）をします。園の生活に入る前に，排泄や手洗いなどの朝の準備を行います。

　保育者は，子どものようすを見て健康状態など確認をし，保護者から家庭でのようすなどを聞くなどして配慮することを確かめます。そしてしばらく自由遊びなどをして過ごします。

〈遊び・課題（今日の遊び）〉

　乳児前期は保育者との応答的な遊びを中心として過ごします。

　乳児後期に強くなる自分でという思いに寄り添いながら生活などの援助をします。一人ひとりの遊びから，数人の友達と遊ぶ姿が出てきます。それらを踏まえ総合的に遊びが展開されるよう配慮します。

　幼児期は，仲間と遊ぶ姿や，協同的な活動に発展するようすが見られるようになります。皆と力を合わせ，見通しをもって総合的に遊びを楽しむようになっていきます。

〈食事〉

　乳児前期は授乳・離乳食，乳児後期からは給食となります。食べることを楽しみ，咀嚼嚥下機能などの発達に応じた食事などの提供を心がけます。食を楽しむ力が身に付くよう援助します。

〈午睡・休息〉

　乳児前期では眠い時に眠れる安心感が大切です。乳児後期では午睡が1回となり安定した生活のリズムがつくられます。個人差などに配慮して，幼児期の子どもが適切に休息・午睡をとることができるように援助することが必要です。

〈おやつ〉

　給食・午睡後におやつの時間をとります。乳児前期や後期には活動を始める前に簡易なおやつを食べます。夕方延長保育を利用する子どもは簡易なおやつを食べます。

〈降園〉

　夕方，降園準備をして保護者のお迎えを待ちます。お迎えに来るまで，自由遊びなどをして過ごします。保育者は，保護者がお迎えに来られたら今日一日の様子を保護者と共有するように努めます。

　保育所及び認定こども園の開所時間は11時間以上となっているところが多く，保育者より長く園にいる子どもも結構います。1日の保育をひとりの保育者だけで担うのは困難で，ほとんどの場合複数の保育者が協力し分担し合って保育を行っています。早朝保育や延長保育は合同の保育となることが多いです。

　また朝の登園時と夕方の降園時には保護者と家庭のようす，園のようすを伝え合い子どものことを共有します。しかし，朝と夕方の保育者は替わっていることがほとんどで，保育者同士の情報の共有・引継ぎがしっかりなされていることが大切です。

　登園・降園は保育所の場合，保護者の就労などの状況により順次登園・順次降園となっているところが多いです。認定こども園の場合も保育を必要とする家庭の子どもは同様ですが，幼児教育のみ認定された1号認定の子どもは午前9時などの定時に登園し午後1時などの定時に降園するところが多いです。ただし，さらに預かり保育を利用することで要保育の子どもたちといっしょにもう少し長く過ごす子どももいます。保育者は，長い時間の子どもと短い時間の子どもがいっしょに過ごしていることに配慮して保育の流れをつくります。

Q25-表1　1日の生活の流れ

0歳児	1・2歳児	時間	3・4・5歳児	
3号認定			2号認定	1号認定 (認定こども園の場合)
早朝保育（合同） 順次登園　おむつ交換・準備 遊び	早朝保育（合同） 順次登園　排泄・準備 自由遊び 　戸外遊び	7：00 7：30 9：00	早朝保育（合同） 順次登園　準備 自由遊び 　戸外遊び	登園　準備　自由遊び （←以下同じプログラム）
片付け・集まり・朝のおやつ 今日の遊び・活動	片付け・排泄・着替え 集まり・朝のおやつ 今日の遊び・活動	9：30 9：45 10：00	片付け・手洗・排泄 集まり・今日の遊び・活動	
片付け・おむつ交換・食事準備 食事(離乳食・授乳)	片付け・排泄・給食準備 給食	10：45 11：00	片付け・手洗排泄・着替え・給食準備 給食	
片付け・おむつ交換・着替え 午睡	片付け・排泄・着替え 午睡	11：30 12：00 12：30	片付け・手洗排泄 休息（午睡）・午後の遊び・活動	降園準備・降園 （←預かり保育利用児は引続き同じプログラム）
目覚め・おむつ交換・着替え	目覚め・排泄・着替え	14：15 14：30	片付け・手洗・排泄	
授乳・おやつ	おやつ	14：45 15：00	おやつ	
片付け・集まり・降園準備 遊び	片付け・集まり・降園準備 遊び	15：15 15：30	片付け・集まり・降園準備	
順次降園 　必要に応じて授乳 延長保育（合同） 　必要に応じて授乳・補食	順次降園 延長保育（合同） 　必要に応じて補食	16：00 18：00 19：00	遊び・順次降園 延長保育（合同） 　必要に応じて補食	

※2015（平成27）年度の新制度移行に伴い，保育の手続き上，保育を必要とする3歳未満児を3号認定子ども，保育を必要とする3歳以上児を2号認定子ども，3歳以上児で幼児教育の対象としてのみ認定された子どもを1号認定子どもと呼ぶようになった。

２．年間行事

　行事は子どもたちにとって「生活の節目」となり，自らの成長を確かめる機会でもあります。そのことは，保育者や保護者の方にとっても重要です。日常の保育とのつながりを大切にして取り組まれています。季節や伝統文化を取り入れた取り組みもあります。また地域と連携して取り組まれている行事もあります。行事にちなんだ食事が提供されることもあります。これらのことを踏まえ保育の計画の中にしっかりと位置付けて，全職員の共通理解のもと協力して取り組むことが必要です。

　また，親子遠足など保護者参加の行事や懇談会のように保護者向けの行事もあります。保護者の子育ての支援をする意味でも大切な行事です。保護者とともに子どもたちの育ちを支えていく姿勢が必要です。

〈主な年間行事〉

4月　入園式・進級式　保護者懇談会
5月　子どもの日　母の日　親子遠足　健康診断
6月　歯みがき教室　個人面談
7月　七夕　プール開き　お泊り保育
8月　夏祭り
9月　敬老の集い　保護者懇談会
10月　運動会　おいもほり
11月　作品展　勤労感謝の日
12月　クリスマス
1月　おもちつき
2月　節分　生活発表会　保護者懇談会
3月　ひなまつり　卒園式

　この他に地域の祭りやイベントに参加することもあります。また毎月の行事として誕生日会や避難訓練，身体測定などがあります。

Q 26 健康診断書と検便検査はどのように用意すればよいですか？

A 　保育所実習では，乳幼児の生活面に関わる様々な援助が必要とされ，特に乳児との関わりにおいてはそれが顕著になります。そのため実習生自らが感染源にならないためにも，検便検査（腸内細菌検査）の検査結果の証明書や健康診断書（X線検査の結果を含む）を実習園に提出する必要があります。実習が始まるまでに証明書や診断書が用意できない場合には，実習ができなくなるので，十分に注意をして必ず用意してください。

　検便検査の項目は，赤痢菌，サルモネラ菌，病原性大腸菌 O-157 が一般的です。健康診断書は，養成校で実施される健康診断の結果の証明書でよい場合がほとんどです。ただ，実習園によってはそれ以外の検便検査の項目や麻疹，風疹，おたふくかぜ，水痘などの感染症のワクチン接種歴（あるいは抗体検査の結果）を証明するものを求められることもありますので，実習依頼時などの早い時期に確認して対応できるようにしておきましょう。

　検便検査（腸内細菌検査）は，実習が同じ時期に一斉に実施される場合には，実習開始日に間に合うように養成校内で実施されることもありますが，個人で受ける必要がある場合には，近くの保健所や病院，民間検査機関で受けることになります。そのときには，まず近くの保健所や病院，民間検査機関のいずれかに電話をして，検便検査方法について問い合わせてから，検査を受けてください。電話で問い合わせる内容は，①検体（検便）の受付日と受付時間　②検査結果の受取日（直接受け取りか，郵送が可能かも合わせて）　③検査内容と検査料について　④検体を入れる容器についてなどです。特に個人で検査を受ける場合には，電話で問い合わせた情報に基づいて，カレンダーを見ながら実習の開始日から逆算し，自分自身の検体提出日を定める計画性をもってください。検査には平均1週間の日数を要するのが普通ですから，余裕をもった日程で対応することが大切です。また先に述べた感染症のワクチン接種歴（抗体検査の結果）がない場合には，ワクチンの接種が必要となる場合がありますので，こちらも早めの対応が求められます。

子どもたちの関心や興味がある歌や遊び，テレビ番組などを知りたいと思います。どんな方法がありますか？

A 実習中には，子どもたちが，流行しているテレビ番組の登場人物の話題で話しかけてきたり，実習園で普段から慣れ親しんでいる遊びや歌にいっしょに参加してくれるように求められたりすることはめずらしくありません。そんなとき，それらを少し知っているだけで子どもたちとの距離が縮まったと感じられ，そこから子どもたちと遊びのイメージを共有化していくことにつながります。

　実習中に使用する歌や遊びなどは，事前訪問のときに教えてもらったり，養成校で学んだりすることでわかります。一方，子どもたちの間で流行っている歌や遊び，テレビ番組などは，ちょっとした心がけで調べることができます。まずは，自分の身近にいる子どもたちの姿を観察してください。たとえば，近くの公園などで夢中になって遊んでいる姿や，スーパーやコンビニのお菓子売り場，おもちゃ屋さんで目当ての商品を探している姿を見かけませんか？　あるいは，近隣や親戚・知人に子どもがいて，日常からよく接する機会がある人もいるでしょう。子どもを見かける様々な機会を活用して情報収集しましょう。ごっこ遊びには，時には人気テレビ番組のキャラクターが登場しています。子どもたちの持ち物やスーパーやコンビニのお菓子売り場からも，流行のキャラクターを知ることができます。お店のBGMからも子どもの好きな番組がわかります。

　もちろん，子どもたちの間での流行はメディアに登場するものだけではありません。ある園では「はないちもんめ」が大流行していたり，竹馬に夢中になっていたり，音楽会で歌った歌が大好きで，歌い続けていたりと，子どもたちの興味や関心は様々です。近隣や親戚・知人に子どもがいる場合は，どんな歌や遊び，テレビ番組が好きかなどを，直接聞いてみることも可能です。実習園に限らず，可能であれば近くの園にボランティアにいくこともよい方法です。このようにチャンスは身近にたくさんあり，ちょっと目的意識をもって行動するだけで，普段は何気なく見過ごしていたものから，貴重な情報を得ることができるのです。さっそく心がけてみてください。

Q 28 事前に用意しておいたほうがよいものはありますか？

A 　実習を終えた学生たちからは，「実習が始まるまでにもっとたくさんの歌や手遊び，運動遊びなどを身に付けておけばよかった」といった声をよく聞きます。部分実習や責任実習の時間はもちろんですが，実習中のちょっとした時間に遊べる遊びを用意しておく必要があります。特に，保育所は保育時間も長いため，1日のうち何度かそのような場面に遭遇します。そんなときに，何も遊ぶことがないのでは困ります。したがって実習前には，ある程度の歌や手遊び，運動遊び，ゲームや部分・責任実習に関わる教材などを用意しておくことが大切です。特に，手遊び・歌遊びは多様な場所や時間，人数や年齢に対応しやすいので，何種類か用意しておくと必ず役に立ちます。

　まず，歌や手遊び，運動遊び，ゲームなどは実習する園でよく使われているものを前もって聞いておき，実習が始まるまでに練習しておけばいいでしょう。養成校で習ったものも，子どもたちにとって親しみやすく楽しく活動できるように考えられたものが多いですから，もう一度整理してしっかりと復習しておきましょう。つまり，「知っている」遊びではなく「できる」遊びにしておくのです。紙芝居，ペープサート，折り紙，その他で使用する教材は担当する年齢の特性をよく理解したうえで，実習する季節に合わせて子どもたちが楽しく活動できるようなものを考えてみてください。

　素材はちょっとした工夫で費用をかけずに準備できます。たとえば，ダンボール，ペットボトル，軍手など生活不要品を活用してみてください。図書や保育に関連する雑誌などからもヒントは得られます。とにかく調べてみましょう。ただ，教材はとても広くて奥が深いですから，考えすぎて悩んでしまうとそれだけで時間を取られてしまうので，自分が取り組みやすく得意と思うものから準備を始めてみることです。とにかく何かひとつは取り組み，実習までに完成させておいてください。本番は緊張して思うようにいかないものですから，友達同士などであらかじめリハーサルをしてみるのもよいでしょう。

Q 29　自己紹介にはどのような用意をすればよいですか？

A　子どもたちは実習生に対し，どんなおねえちゃん・おにいちゃんだろうと興味津々です。やさしいかな？　いっしょに遊んでくれるかな？と思いを巡らせています。実習初日の登園時から子どもたちとの出会いは始まっていますから，まずは明るい笑顔で子どもと接してください。何を話していいかわからなければとにかく笑顔で挨拶しましょう。それだけでも第一印象がちがってきます。そして，いよいよクラス全員の子どもたちの前で自己紹介です。特に時間の制限がないのであれば，内容は①名前，②どこから来たのか，③何しに来たのか，④いつまでいるのか，⑤好きなもの，などにしぼって準備しましょう。そして，子どもたちが理解しやすいような表現でゆっくり，はっきり，一人ひとりの顔を見て，目を合わせるようにしながら話しましょう。

　子どもたちの心をもう少しつかみたいと思えばもっと工夫してください。たとえば，③は「みんなといっしょにたくさん遊びにきました」というような内容になりがちですが，あらかじめクラス担当の保育者にいまクラスで流行っている遊びを聞いておけば「みんなとたか鬼やお店やさんごっこをして楽しく遊びたいです」と具体的に話せます。子どもたちの目の色が変わるでしょう。中には，自己紹介を創作話として準備し，指人形やペープサートなどを効果的に活用する実習生もいます。もちろん名札は忘れないこと。手作りをお勧めします。子どもの大好きなキャラクターにしたり，取り替え用もつくったり，それぞれ工夫して前もって準備します。乳児（特に0歳児）クラスは名札に安全ピンを使えない場合が多いですから実習園に確認しておきましょう。なお，どんなに短い自己紹介でも必ず実際に声に出して練習をしておいてください。

　実習園の保育者への挨拶は，事前訪問時か，実習初日の朝の職員会議のときになります。保育者への挨拶はたいてい自分自身の自己紹介を含め，心がまえを，特に保育に対する姿勢や意欲を伝えます。自己の学習意欲そのものが実習態度となりますから，主体的に取り組む姿勢をその場で誠実に示すべきでしょう。

Q 30　実習園の特徴などをより深く知る方法はありますか？

A 　これから実習でお世話になる園のことを，より深く知っておくことで，保育所実習がより成果の多いものになります。それでは，どうすればより深く知ることができるのでしょうか。最も簡単な方法は，インターネットによる情報の収集です。もし，実習園が独自の Web ページを開設しているなら，Yahoo！Japan，Google などの，情報検索サイトから目的の URL（よくホームページのアドレスと言っています）を見つけることが可能です。最近では，多くの保育所が独自にホームページを開設していますが，もしそれがない場合には，実習園が位置している地方自治体（市町村）が開設しているホームページ内を探してみてください。地方自治体によっては，保護者の保育所選択および保育所の適正な運営の確保に資するために，認可保育所の情報（園の名称，位置および設置者，施設および設備の状況，運営状況，入所定員，入所状況，職員の状況，開所時間，保育方針，入所手続など）をホームページに掲載している場合があります。

　また，同じ実習園で実習した先輩がいる場合は，体験談やわからないことを聞いてみるのも方法のひとつです。実際に実習に行った人の体験談は具体的でとても参考になります。先輩がいなくても，過去に実習に行った卒業生がいた場合には，資料が残されていることもありますので，実習指導の保育者に一度聞いてみましょう。

　さらによく理解するには，実際に実習園でボランティアなどをさせてもらうことです。お世話になる保育者や園児たちともあらかじめ親しんでおくことができ，スムーズに実習に入れると思います。ただ，ボランティアといえども，園側にも都合があるので，けっして無理にお願いするようなことはせず，あらかじめ十分に打ち合わせてからいくようにしてください。

Q 31 あと数日で実習が始まります。何か心がける ことがありますか？

A あと数日で実習が始まるという時期は，だれしも不安や期待や緊張と いった様々な思いでいっぱいになっています。考えれば考えるほど，不 安になったり，それでもやはり楽しみだったりというように，肯定的・否定的 思考がいったり来たりするでしょう。毎年毎年，実習生はみんなそうやって実 習初日を迎えます。自分だけが緊張で胸が張り裂けそうなのではありません。 しかし実際に実習が始まれば，たくさんの失敗を重ね，さんざん試行錯誤しな がら，あっという間に終わってしまうのです。実習期間は養成校によって多少 は異なりますが，おおむね10日間です。そして，実習終了時には子どもたちと の別れのつらさや，未熟ながらもやり遂げた達成感で涙を流しています。

数日後に実習を控えたいま，実習生の心がけとして確認しておきたい本質的 なことは，「意欲」をもって実習に取り組むという点です。実習の目的を達成 するには，その裏づけとなる学生の意欲が何よりも必要となります。「意欲的 な」子どもになるように「援助」するのが保育者の仕事です。保育士になるた めの実習です。意欲のない実習生では話になりません。さらにこの意欲は，健 康な心と体において自発性の発達とともに盛んになります。したがって，皆さ んは自己の健康管理に十分留意し，ベスト・コンディションで臨めるよう努め てください。あたりまえのことですが，健康管理は子どもを基本に捉えた保育 にとって最も大切な「意欲」につながる根幹の部分です。「健康な保育者」に よってこそ，子どもにとって真の「健康な環境」が創造できるのです。いま皆 さんに「健康」の管理能力が問われています。心と体の健康を保つことは仕事 に対する責任感とも関連します。

以上のことを心がけている実習生であれば，具体的な準備も進んでいること でしょう。あらかじめ園から指示された準備物の用意はもちろんのこと，実践 してみたいと思えるものをひとつでも決め，中途半端に取り組むのではなく， 必ず子どもの前で実践できるようにしておくことが準備なのです。万事，失敗 を恐れず意欲的に取り組みましょう。

Q 32 保育所実習に臨む心がまえを教えてください。

A まず，保育所は第一義的にあなたの学びのための場ではなく，子ども
が普段生活している場であり，そこにお邪魔させていただくという認識
を持つことが大切です。保育という子どもの生活の場に入ると，あなたそのも
のが子どもの生活をとりまく環境の一部になるという自覚を持ちましょう。

　たとえば，あなたが普段生活している場所，養成校やアルバイト先に，突然
見ず知らずの人が入って来て，一緒に過ごさなければならない状況を想像して
ください。その人が"普段の私の生活"をかき乱すような人，あるいは何をし
たいのかよくわからない人などだとしたら，あなたはずいぶんストレスを感じ
るのではないでしょうか。保育所にとって，実習生が入るということは，「子
どもにそのようなストレスをかけるかもしれないが，フォローして，よい実習
ができるようにする」という覚悟をもって引き受けてくださるという事です。
なぜなら保育現場は，実習を後進育成のための必要な教育であると強く認識し，
皆さんの成長を応援したいと考えているからです。

　以上を踏まえると，実習生には，普段の保育の連続性を妨げないようにする
こと，子どもや現場の保育者と良好な関係を築くためのコミュニケーションを
心掛けること，「この園には保育の方法を学びに来たのだ」という確たる目的
意識をもつこと，子どもや保育者との関わりの中から実践的な気付きを得よう
とすること，日々見聞きしたことについて，積極的に考察・質問をし，学ぶ姿
勢でいることなどが求められるという事がわかります。

　初めての場所で慣れない保育実践をするのですから，いつもより消極的な行
動になってしまうかもしれません。まずは状況を観察し，「○○させていただ
いてよいですか」と，提案型で質問してみるとよいでしょう。これに対して指
示があれば「はい，かしこまりました」と返答し，指示されたことが終われば
「○○させていただきました」と必ず報告します。疑問がある時に現場の保育
者が忙しそうで質問することが難しいのであれば，まずは「今伺ってよろしい
ですか」と一言伝えてから質問してみましょう。

実習時間について詳しく教えてください。

A 　実習は保育者の業務を具体的に学ぶための実践であるため，実習時間についても，保育者に準ずる体験を行えるよう配慮されています。実習先で実習として扱われた時間数が，保育士の国家資格取得に必要な保育実習の単位に換算されます。

　保育所の開所時間は最低11時間ですが，その開所と閉所の時間は保育所により多少異なります。また，子どもの保育時間は原則8時間ですが，「保育標準時間」認定の子どもは最長11時間，「保育短時間」認定の子どもは最長8時間の保育が認められており，利用する時間帯が家庭によって異なります。

　このため実習は最も多くの子どもが利用する8時半から16時半の8時間をカバーできるものであることが多く，およそ8時〜17時半の中で，8時間と休憩時間が設定されます。実習先によっては保育所の開所，閉所の時間帯や土曜，日祝日の行事日も実習できるよう，たとえば7時登園や，19時退園遅出，行事参加をも実習時間として組んでくださるところもあります。あるいはこうした時間帯を実習時間外に体験できるようボランティア参加を許可してくださることもあります。

　早出の時は，朝の環境構成の準備や早朝の子どもの受け入れの方法，遅出の時は延長保育の留意点や保育環境の片付け，翌日への準備のしかたなど を学ぶ機会，土曜や行事の実習では日常と異なる保育のスタイルや子どもの姿を学ぶ機会になります。

　なお，日中の実習時間においても，乳児と年長との日課では大きく違います。各年齢の日課を把握できるようにしておきましょう。

　実習時間は保育者と同様であり，一日最大8時間を基本ラインとして，必要な実習時間数に合わせて時間配分がなされます。実習に臨む際には，保育者の勤務体制を知り，時間帯による任務，年齢に応じた日課を把握できるよう積極的に体験をさせていただくとよいでしょう。

Q34 実習期間中に欠席しなければならないときの対処を詳しく教えてください。

A 　欠席を希望する理由は何でしょうか。実習は，体調不良や葬儀，就職試験など，どうしても避けられない不測の事態以外では，急に欠席してよいものではありません。まずは欠席したい理由を養成校担当教員に相談してみてください。相談したうえで欠席すべきと判断された場合，欠席届の書類を書いたり，電話連絡をしたりと，対応システムは養成校及び実習先によって違います。どのような場合でも必ず養成校担当教員と，実習先の実習指導の保育者の両方に連絡し，指示を仰ぎましょう。

　ここでは欠席の代表的な理由である"体調不良"について説明します。

　体調不良ならば，原則的に無理に実習先には行きません。「休んでしまうと改めて別日に実習を設定していただくようお願いしなければならないし，前日に子どもと約束したのだから今日は絶対に保育に入りたいし，これくらいの事で予定を変更して周囲に迷惑をかけたくもないし……」といったように，休みたくない理由は様々あると思います。しかし，体調不良のまま実習現場に立ち入ることは避けるべきです。その理由は大きく２つあります。

　1つは，子どもや職員にあなたの病気を感染させないようにし，実習先の保育の安全・安心を守るためです。特に下痢や嘔吐がある，傷が化膿しているなどといった場合，他者に感染させる危険性が高くなります。

　もう１つは，体調不良の状態で実習に入っても，あなた自身の学びに繋がりにくいためです。一生のうちに何度もないせっかくの学びの機会なのですから，少しでも多くのことを，万全の体調で吸収できる状態でいましょう。

　体調が回復した際には，実習現場に入っても問題ないという医師による診断書が必要な場合もあります。

　また，実習期間が決まったら，家族やアルバイト先，友人などに出来るだけ早めに伝え，その期間には実習以外の予定が入れられないということを話し，配慮をお願いしておくと，スケジュール管理がしやすくなるでしょう。あらかじめ欠席しないようにする環境づくりが大切です。

Q35　実習園の都合でお休みがあったとき，どう対処すればよいですか？

A　実習先が災害等で実習生の登園を急遽断ってくることがあります。まずは養成校に連絡をとり，その指示に従ってください。国家資格である保育士免許を取得するための実習時間数は国で決められており，それに応じて養成校が実習単位数を決定しています。実習先の都合で実習を休むように言われたとしても，実習時間が不足する場合はその時間数の補填が必要となります。

　保育所は保育を必要とする子どもの施設であるため，休所（休園）になることは非常にまれですが，非常に大きな台風，暴風雨，洪水，大雪，地震などの天災や大事故，伝染病等で，開所（開園）が不可能になることはあります。休所（休園）になったとしても，保育者の勤務は所長（園長）の判断によるため，実習生が実習するか否かについても実習先の所長の判断となります。

　天気予報などで事前に悪天候が予想される場合，対処のしかたをあらかじめ実習先と養成校がどう取り決めているのかを養成校側に確認しておきましょう。また，実習生は所長の判断の結果の連絡を受けることのできるよう，さらには実習生同士で敏速に連絡がとれるよう，体制を整えておいてください。

　災害等で休みになった場合は，自宅で待機し，実習中の保育者の仕事に想像を働かせ，次の実習に備えてください。実習記録等，実習日程を書き込む欄があれば，休みの理由を明記しておきましょう。後日に補填として実施する追加実習においても，もちろん実習記録に日程を記入し，記録も書きます。

　台風等が過ぎ去った翌日は，園庭の片付けなどが大変忙しいものです。実習生も少し早めに登園し，朝の環境整備を手伝いましょう。

　とにかく，実習が休みになったときは養成校担当教員にその旨を確実に連絡してください。前述の通り，単位取得のための実習日数を満たしていない場合は補填（追加実習）が必要になります。なお，実習時間と授業時間を同時に単位として数えることができませんので，実習が延期になって，養成校の授業を休む場合は授業は原則的には欠席扱いとなります。

Q 36 服装や身だしなみについて詳しく教えてください。

A　実習生といえども，保育現場においてはあなたそのものが保育環境の一部になります。子どもに対しては，安心・安全な存在でいることと同時に，生活者としてのモデルであることが求められていると自覚しましょう。また，毎日子どもの送迎をする保護者に「この人なら，自分の子どもを安心して預けることができる」と安心感をもっていただくことも，保育者の重要な役割です。自らの言動や所作はもちろん，服装や身だしなみについても，適切なあり方を想像して行動しましょう。

　基本的には以下のようなことに気を付けるとよいでしょう。

【服装】　ビーズやスパンコール，スタッズなど，子どもに当たるとケガをさせてしまいそうな飾りがついているものは避けます。同じ理由で，アクセサリーも外します。腕時計も禁止している園があるので，事前オリエンテーションの際にきちんと確認しましょう。

　清潔で，露出の多すぎない服を身に付けます。体にぴったりと添う服や，サイズが大きくぶかぶかの服は避け，活発に動きやすい服装を心がけます。ドクロ柄や血のり柄の服，上下とも真っ黒なコーディネートなど，子どもに不安なイメージを想起させるような服装はやめましょう。また，ジーパンやジャージは控えるなど，その実習先独自のルールがあるところもあります。

【化粧】　子どもがあなたのメイクした頬をさわり，そのまま指を舐めてしまうことも考えられます。実習中，原則的にメイクはしません。ただし，眉毛がほとんどなく子どもに違和感を与えるような場合のアイブロウや，唇のひび割れ防止のための無色のリップクリーム程度ならば大丈夫でしょう。爪は子どもを傷つけないように短く切り，マニキュア，ペディキュアはしません。

【髪型・髪色】　生まれつきの自然な髪色で実習します。顔に髪がかかると暗い印象や不潔な印象を与えます。肩にかかる髪はシンプルなヘアゴムを使い，後ろでまとめ，前髪は目にかからないようにします。ヘアピンは万が一落とした時に誤飲の恐れがあるので，使用しません。

言葉づかいについて詳しく教えてください。

A 　言葉は子どもや実習先の保育者や他の実習生，保護者にあなたの心情や意思，事実を伝える大切なツールであり，子どもの最善の利益を保障するための「保育を実現」するうえで欠かすことのできないツールです。そうした言葉を使う際に，Time（時間），Place（場所），Occasion（場面）をわきまえなければ，実習先にも実習生にも不具合が生じてしまいます。

1．子どもとの言葉づかい

　多くの実習生は子どもとの親睦を深め，ラポール（信頼関係）をとることを意図して，自分が友達と仲良くするために使い慣れた言葉，流行語，短縮語，赤ちゃん言葉などを使ってしまうことがあります。

　たとえばある学生さんが実習先で「あなたの作品はとてもすごい」ということころを伝えたくて「これヤバ！超ヤバイ！」と叫んだところ，保育者からご注意を受けました。学生としては自分の感動を率直に伝えたまでであり，子どもの側はほめてもらったと感じたらしく満面の笑顔であったため，心の伝達としての言葉づかいとしては成功しています。何がいけなかったのでしょうか。

　子どもは新しい言葉を覚えていく途上にある存在であり，保育者はそうした子どもが大人になる育ちのプロセスを保障する大切な人的環境です。子どもたちが日常を暮らす家庭の中での，大人が使う言葉づかいが必ずしも正しい言葉づかいであるとは限りません。家庭内や仲間内で心を伝え合う言葉は心を醸成するうえでとても大切です。しかし，保育者は子どもがどこに行っても誰にでも伝わる言葉づかいを子どもの発達に応じて伝えていくことが大切です。発達の時期に適切なテンポや言葉づかいを考え，子どもの目を見て笑顔で，明るく，はっきり，あなたの心を伝えてください。まだ言葉が出ない時期の乳児には特に留意してやさしく美しい言葉で語りかけましょう。必要に応じてのスキンシップや，適切な教材を活用してもよいでしょう。

　そしてもう一つ大切なのは，一人の人間として大切な存在であることを意識した言葉づかい，子どもの尊厳を守る言葉づかいを心がけることです。例えば

あなたは自分の目上の方や高齢者に対して，何かを「してあげる」という言葉を使うでしょうか。間違った際に横柄に「それ違う！」と叫ぶでしょうか。大勢の前で「何やってるの！　だめでしょう！」と注意するでしょうか。大人同士であれば相手に恥をかかせないようにして，こちらの思いを「伝える」のが常識的なマナーです。子どもに対しても同様の配慮が必要です。もちろん，子どもの生命を守るために，子どもの周囲の生命を守るために，子どもが他者を傷つける子にならないために，とっさに声を荒立て叱らなければならないこともあるでしょう。そのような場合は事態が過ぎた後に，落ち着いて子どもに理解を促します。子どもの尊厳をおとしめる言葉，さげすんだり，しいたげることになる言葉は子どもの発達のプロセスにおいて不適切と考えられます。

　なお，子どもの呼び方については各実習先で尋ねてください。〜ちゃん，〜くんという呼び方を取りやめ，すべて〜さんと敬称で統一する実習先もあります。

２．保育者との言葉づかい

　保育者として実習生が保育者に使う言葉は，見守りご指導くださる方への感謝の表現として，また，プロの保育者が有する知識・技術，思考力，人間性に対する感動をあらわす表現として，おのずから敬語となります。そして敬語は自らの尊厳を守るものです。Q37-表１には，相手を高めたり（尊敬語），自分を慎んだり（謙譲語），相手と自分を大切に（丁寧語）する敬語を示しました。

　実習指導の保育者は，実習生が話しやすいようにと打ち解けて話してくださるかもしれません。しかし，実習生は，敬いの心をもった言葉づかいを心がけることが大切です。この他，聞こえる声で挨拶をする，ご指導いただく際は身体を向けて聞く，応答においては「はい，ありがとうございます」と感謝の言葉を添えるなど，態度と共に保育者に心を伝えてください。

　「実習生としての立場」をわきまえることで，言葉づかいは態度や表現と共に変化するものです。心を伝えることのできる実習にするためにも，日常生活，養成校，地域，家庭で，目上の方と会話し，臨機応変に敬語を使っていくことをおすすめします。社会に生きる一人の人間としての自覚のあらわれともいえるでしょう。

Q37-表１　敬語例

分類	尊敬語	謙譲語	丁寧語
言う	おっしゃいます	申します	言います
する	なさる	いたす	します
いる	いらっしゃいます	おります	います
来る	お越しです	参ります	来ます

Q38 持ち物は何がありますか？

A 　実習先によって，持ち物は少しずつ違います。実習前オリエンテーションで，必ず確認し，チェックリストを作ると便利です。

　高価なものは持っていかず，金銭も必要最小額を持参するようにしましょう。また，それらを持っていくバッグも，高価なブランド物は避けましょう。万が一窃盗などがあった時に，あなたは被害を受け，実習先に大変迷惑をかけることになります。以下に基本的な持ち物の例をあげます。

【実習記録・指導案用紙】　個人情報を書くことも多いので管理に配慮します。

【下履き・上履き】　履物は脱ぎ履きがしやすく，走ってもすぐに脱げないものを用意しましょう。多くの園では上履きが必要です。事前オリエンテーションの際に実習指導の保育者に上履きが必要か伺うとともに，保育者の足元を観察し，どのようなものを用意すればよいか判断しましょう。

【エプロン】　エプロンは，自分で用意する園もあれば，実習先に指定されたものを着用する場合もあります。自分で用意する場合，キャラクター柄などを避けている実習先もありますので，オリエンテーションで確認します。

【メモ帳・筆記用具】　ポケットに入る程度の小さなメモ帳とペンを用意し，気付いたことは書き留めるようにします。ただし，ズボンのポケットに入れておくと，子どもの顔の高さにペン先やメモ帳の角が来て危険な場合もあります。保管方法について実習先に相談し，自分でも気を配りましょう。

【印鑑】　出欠管理について，多くの実習先は，出席票に押印するシステムをとっているため，印鑑は毎日必要です。

【はさみ・のりなどの文具，設定保育の教材】　実習先のものを借りるのではなく，自分のものを持っていきましょう。

【帽子】　外で活動することも多いので，熱中症対策のため，必ず帽子を持っていきましょう。

【着替え】　保育業務は水や泥で汚れることも多いので，着替えを持っていくと安心です。

Q 39 実習中の SNS の取り扱いについて教えてください。

A　近年，インターネット技術が進歩し，実習中に Blog，LINE，Twitter，Facebook，Instagram などの SNS（ソーシャル・ネットワーキング・サービス）への書き込みやつぶやきに関して，弊害が報告されています。過去に SNS に書き込みをして，実習が中止になった実習生もいます。

　SNS で自他の個人情報を流してしまうことは，保育者に課せられた守秘義務（プライバシーの保護）に違反したことになります。この守秘義務は，実習生にも課せられています。この根拠となる全国保育士会「全国保育士会倫理綱領」（巻末資料参照）では，「私たちは，一人ひとりのプライバシーを保護するため，保育を通して知り得た個人の情報や秘密を守ります」と規定されています。また，児童福祉法第 1 章「総則」第18条の22では，「保育士は，正当な理由がなく，その業務に関して知り得た人の秘密を漏らしてはならない。保育士でなくなった後においても，同様とする。」と規定されています。

　具体的に実習中は，携帯でのメール送受信は一切禁止されています。また，SNS へ実習に関する情報の書き込みも禁止されています。いくら「子どもがかわいい」「友達もやっている」「実習でわからないことがある」からといって，保育中に携帯電話などで子どもや園の写真を撮影し，それを SNS に掲載してはいけません。実習でわからないことがあったとき，実習中に携帯メールなどで友人に聞いてもいけません。わからないことや疑問に思ったときには，遠慮せずに実習指導の保育者に，「今，ご質問させていただくお時間はありますか」「いつでもお時間のあるときに，子どもとの関わりについてご相談させてください」と声をかけておくとよいでしょう。なぜなら，子どもとの関わりで，保育者に相談もせずに，友人との携帯メールで自己判断してしまうと，事故につながる恐れもあるからです。実習指導の保育者は，必ず実習生のことを気にかけ，時間を作って実習生の質問に答えてくださいます。実習生は，「保育者として子どもの前に立つ」という自覚をもって，守秘義務を守ることを忘れてはいけません。

第2章の確認のポイント───────────────

□実習園決定方法には，
　　・養成校が指定している実習園に配属される
　　・実習生自らが実習園を探して依頼する
　　の2通りがあります。

□実習を行う保育所での事前訪問（オリエンテーション）は，実際に実習する保育所に行き，
　保育環境や保育方針，子どもの様子，ピアノの使用頻度，決まりごとなどを学びます。保
　育所で出会う人，一人ひとりに笑顔で挨拶をしましょう。

□子どもを知るための方法は，子どもの表情や言葉，行動など外面に現れたものを通して，
　その内面を理解しようと努力することです。

□乳幼児の発達のおおまかな特徴を実習前に捉えることで，遊びや活動計画，関わり方をイ
　メージすることができます。できれば実習までに，保育所で実施している行事やインター
　ンシップなどに参加することがよいでしょう。

□乳幼児期の生活の中で欠かすことのできない歌や手遊びは，数多く知っておき，実習まで
　に何度も練習しておきましょう。

□保育所に求められる役割については，在園児とその保護者だけではなく，地域の乳幼児や
　保護者に対してどのような支援を行っているのか学びましょう。

□保育の指導においては，様々な形態があることを知り，自らの保育実践において，どのよ
　うな形態で保育を構成するのかを具体的に考えてみましょう。

□保育所・認定こども園での1日の保育の流れは大別して，登園，遊び・課題（今日の遊
　び），食事，午睡・休憩，おやつ，降園となっています。

□実習中は，SNSへの書き込みやつぶやき，携帯でのメール送受信は一切禁止されています。
　守秘義務を守りましょう。

第
3
章

実習が始まったら

① 実習で大切にすること

　保育所で実習をするにあたって，実習生が大切にすることは何でしょうか。実習生は保育において，何を大切だと思っているのでしょうか。実習をするうえで最も大切なことは，保育所はかけがえのない子どもたちの命を守り育て大切にしている場所であるということです。保育の専門性をもった保育者は，子どもの思いや行動を読み取り，日々保育実践をしています。

　命の大切さを踏まえ，実習生は，実習テーマをはっきりもち，なぜ実習をしているのかという「意味」と「意義」をしっかり確認することが大切です。具体的には，実習生が「子どもを理解する」「保育所の理念と沿革を学ぶ」「保育者の子どもとの関わり方や援助のしかたを学ぶ」「他職種他機関との連携について学ぶ」などを実習テーマとしてもつことは大切なことです。

② 実習で学ぶこと・めざすもの

　多くの実習生は，実習を契機としてその後，学ぶ姿勢が変化し，子ども理解が深まり，保育の仕事の多様性が理解できるようになります。子どもを目の前にして実習を通して学ぶことには，とても大きな意義があります。実習では，子ども理解を通じて，保育所と保育の仕事に関する理解を深めること，自己理解を深めることが基本的にめざすものと考えられます。実習生自らが人的環境となり，遊びを通して，子どもの豊かな人間性育成のため，子どもと相互作用することが必要です。将来，専門性の高い保育者になるため，自ら主体的に保育実践を創造していこうとする保育者をめざしてください。

　具体的に実習は，配属クラスの環境構成と子どもの様子を観察することから始まります。観察を通して実習生は，子どもの様子や保育者の援助のしかたを学び，実際に子どもの生活と遊びの援助を行います。子どもが主体的に活動する様子を，保育者が援助し，その時々に必要な子どもの課題を見極めて提供したり，見守ったりする知識および技能や判断力などから学んでほしいと願っています。

　次に，保育園の理念・保育方針および保育環境や子どもを理解し，実際に子どもとの「信頼関係」を築いていきます。

振り返るために記録すること

　保育者は精一杯子どもと向かい合い，ともに生き，ともに成長できる「共生・学びの実践家」です。子どもらに生きた保育実践家・倉橋惣三（1976）は，「子どもが帰った後で，朝からのいろいろなことが思いかえされる。われながら，はっと顔の赤くなることもある。しまったと急に冷汗が流れ出ることもある。ああ済まないことをしたと，その子の顔が見えてくることもある。（中略）大切なのは此の時である。此の反省を重ねていく人だけが，真の保育者になれる。」と語っています。

　この振り返りをするために，実習では毎日記録を書き，指導案を持って部分実習や責任実習に挑むことが必要です。学びを記憶するだけでは風化や変化が起こります。そこで，子どもたちを目の前にして学んだことを記録することや保育の計画をたてる必要があります。実習の一日一日を振り返り，学んだことや発見したことなどを整理しながら記録を書くことによって，自己の反省点・改善点などが明確になり，明日の課題を考える機会となります。記録を確認することによって，自分自身の学びと成長がわかるでしょう。また，子どもたちの笑顔を守る保育ほど崇高ですばらしい仕事はないと実感するでしょう。

 ## 注意事項

　実習生は，保育者が忙しくしていて遠慮もあるかもしれませんが，わからないことや疑問に思ったことなどは，そのままにしないで保育者に尋ねることが必要です。なぜならば，子どもとの関わりで保育者に相談せずに自分で判断してしまうと，事故につながる恐れもあるからです。また，実習生は謙虚な姿勢で実習に臨まなければなりません。以上，実習中のポイントについて記しました。実習中の詳細については，この後のQ&Aに書かれていますから，よく読んで理解してください。

実習テーマをどのように決めるとよいですか？

A　実習テーマは，実習指導の保育者に実習目的を伝え適切な指導を受けるために必要です。実習先では，「何のための実習なのか」「何がしたいのか」が問われ，保育所側に理解できるように表現することが求められます。また，実習テーマとそれを達成するための方法を伝えることによって，実習指導の保育者が保育に対する助言を行う際にも活用できます。

実習生は，実習テーマを明確化することによって，実習内容を確認しながら実習を進めることができます。実習は計画から始まり，それを実施し，振り返り，評価する過程（PDCAサイクル：Plan-Do-Check-Action）をたどります。実習が充実しているかどうかの羅針盤は，実習テーマの如何にあります。

実習テーマでは，子どもとの関わりを通して，「知りたいこと」「学びたいこと」を端的に表現します。そのため，実習テーマを決定する際に，自分の関心領域がどの部分にあるのかを，以下の表に整理してみるとよいでしょう。

Q40-表1　関心領域による実習テーマの整理方法

関心領域	具体的関心項目	関心度
保育所についての理解	実習先保育所の概要 実習先保育所の設立理念と保育目標 1日の流れと保育所の状況 保育所全体の安全・安心への取り組み	
子ども理解	子どもの遊びや生活の実態 子どもの発達段階 子どもの生活状況	
保育者の援助	子どもへの関わり方 保育計画の意義とあり方 保育スキル 親子が抱えるニーズの代弁	
職員間の役割分担と保育者のチームワーク	職員間の役割分担 職員間の連携 保育者のチームワーク	
家庭・地域社会との連携	家庭と保育所との連携 地域の子育て支援の実態	
保育者の職業倫理の理解	子どもの最善の利益の尊重 専門職としての責務 プライバシーの保護	

Q41 実習期間中に学ぶ内容のポイントを教えてください。

A 実習Ⅰは、観察実習と参加実習、実習Ⅱは、それに加えて指導実習があります。実習Ⅰでおもに学ぶ内容は、「保育所等」「保育者の職務」「子ども」の3点を理解し、日誌等の適切な記録方法を習得することです。学ぶ内容の具体的なポイントの一例として、①園の行事を把握する、②1日の流れを把握する、③園の環境を把握し理解する、④年齢に応じた子どもの発達を理解する、の4点があげられます。よく観察することで、適切に日誌を記入することができ、実習が深まります。観察のポイントは、以下のとおりです。

・年間・月間行事予定等（保育所等の機能や園全体の活動の流れの確認）
・活動時刻と活動内容。生活場面（登園、給食、午睡、おやつ、排泄〈せつ〉）は決まった準備物や定番の挨拶などもあります。
・静的な物的環境（園舎、園庭、保育室内の固定家具の配置等）
・動的な物的環境（遊びのコーナー、季節のもの、自然物、飼育物等）
・人的環境（保育者、栄養士、給食調理員等）の子どもへの関わり方や業務。

保育者の言動については、その意図まで考えてみましょう。保育所保育指針の第1章の2「養護に関する基本事項」、4-(2)「幼児教育を行う施設として共有すべき事項（幼児期の終わりまでに育ってほしい姿）」および第2章「保育の内容」（五領域）が参考になります。

実習Ⅱでおもに学ぶ内容は、保育所等や保育士の役割について実践を通して総合的に学ぶこと、子ども理解をもとにした保育の視点を明確にすること、指導計画を立案し実践・評価することです。学ぶ内容の具体的なポイントとして、①指導計画を作成する、②指導を行う、③自己評価と保育者の評価を基に、活動を振り返る。④自己課題の達成度を評価する、の4点があげられます。観察・参加実習での子ども理解が、指導の充実度に影響します。保育者に積極的に事前指導を受け、準備を行いましょう。ただし、十分に準備したつもりでも、指導案通りに進まないことは多々あります。失敗と捉え過ぎず、子どもから得た学びとして受け止め、保育者の助言を謙虚に受け、次へ生かしましょう。

Q 42 登所（園）してくる子どもたちを迎えるときの言葉かけを教えてください。

A 　まずは，明るく元気にさわやかに「おはようございます」と保護者と子どもに，こちらから挨拶をしましょう。子どもは，自分だけでなく自分が信頼する保護者にも挨拶のできる保育者や実習生に，信頼感をもつことができます。「元気に」と表現しましたが，大きな声でという意味ではありません。相手に聞こえる大きさで，様子に応じて，声のトーンや語調を変えるとよいでしょう。たとえば，元気いっぱいに登所してくる子どもには元気いっぱいに，大人しく登所してくる子どもには優しく挨拶をすると，子どもの朝の気持ちに寄り添うことができます。子どもに挨拶をするときには，子どもの目線に合わせるように姿勢を低くすることを忘れないようにしましょう。

　元気に機嫌よく登所してくる子どもは，今日の保育所で過ごす時間を楽しみにして登所しています。「昨日は，砂場で大きな穴を掘ったね」など，昨日の遊びを振り返る言葉かけや，「今日は，バケツや大きなシャベルも出してあるよ」など，今日の発展した遊びを想像できる言葉かけができます。また，「あのね……」と，子どもが保育者や実習生に伝えたいことがある場合には，まずは話をよく聞き認めることが大切です。

　元気なく登所してくる子どもは，今朝までに残念なことがあった，保護者と離れるのが嫌，体調が悪いなど，様々な事情が想定されます。いずれにしても，子どもなりにとてもがんばって今日の保育所に来ています。がんばりを認め，「今日も○○ちゃんに会えてうれしい」と伝えることで，認められた安心感をもつことができるでしょう。保護者と離れがたい子どもには，「一緒にいたいよね」と気持ちを認め，好きな話題や身に付けている持ち物の話をすると，気持ちが落ち着いてきます。体調が悪そうな場合は，保護者に尋ねたり子どもの表情をよく観察したり，手で触って確認したりすることも必要です。

　今日の保育所での生活に安心感と期待感をもつことができるように，そして，いっしょに楽しく過ごすことを自分も楽しみにしているという気持ちで言葉をかけると，子どもも登所後の活動に気持ちよく移行できるでしょう。

Q43 実習記録とは，どのようなものですか？

A 　実習は，学んだ保育の理論を生かし，実習園に行き，体験しながら具体的な事実につなげて考え，理論と体験からの知見を統合する機会です。実習記録は，実習園の状況を理解し，子どもの実態を把握したり，その日の保育や子どもたちの活動，それに対する保育者の援助，そして，実習生として感じたり，考えたりしたことや学んだことを記録するものです。そして，日誌を，実習指導の保育者や園長に提出し，助言や指導を受けるためのものでもあります。

　なお，養成校によっては，「実習記録」のことを「実習日誌」というよび方をする場合もあります。本書では「実習記録」で統一しますが，「実習日誌」と同じです。

　実習記録の書式は，定型化されたものはなく，それぞれの養成校で定められたものを使うことになりますが，一般的に，以下のような項目で構成されています。

1．実習生のお知らせ事項
2．保育実習要綱
3．学外オリエンテーション（実習園の現況）
　　事前訪問の際に，園長や実習指導の保育者から指導や説明を受けた内容（保育方針やクラス編成，施設設備や地域の特色，子どもの実態など）を簡潔にまとめて記載します。
4．園行事，実習日程
5．実習日数分の実習記録
　　日々の子どもの活動やそれに対する保育者や実習生の援助，子どもたちの様々な関わりを通して考えたことや学んだこと等を記載します。
6．指導案
　　部分実習指導案，全日実習指導案など。

7．実習を終えての反省・感想

　　実習の総まとめとして，実習中に経験し，学んだこと，反省点，感想などをまとめて書きます。

　記録欄の主な内容としては，「月日，天候」「配属クラス名，人数（男女数）」「中心的な活動」「ねらい」「時間」「環境構成」「子どもの活動」「保育者の援助および配慮事項」「学んだこと，感想，反省など」「指導者からの助言」などの項目が一般的です。その中でも特に，実習生自身でしっかり活字化していかなければならない項目として以下の5つがあげられます。

① 「時間」――子どもの活動ごとに時間を記していきましょう。

② 「環境構成」――部屋の使い方や遊ぶときの保育者や子どもたちの配置を図示したり，製作物の製作過程や完成図を図解したりします。使用する教材や材料とその数量も記入します。その他，環境構成するにあたって必要な事項を文章で記入します。

③ 「子どもの活動」――何をしたか，わかりやすく簡潔に書きます。

④ 「保育者の援助および配慮事項」――保育者および実習生が行った援助や配慮をその意図を含めて書きます。

⑤ 「実習生の学んだこと，感想，反省」――子どもと関わったり，観察したり，保育者とのやり取りを観察したりした中で，特に学ぶことができたことやむずかしく感じたこと等，事実をわかりやすく書きます。そして，そのことについてどのように自分が考え，何を学んだか，どこに疑問を感じたか等を簡潔に書いていきます。

　なお，実習内容（観察実習，参加実習，部分実習，全日実習）が，その日によってちがう場合は，わかりやすくするために実習内容を記入しておくとよいでしょう。

Q 43-表 1　実習記録の実例

9月17日 水曜日　天候：晴れ　　　　　実習生氏名　　○○ ○○　　印			
配属クラス：　ゆり　組　3歳児，出席数：男児13名，女児12名：計　25名			
中心的活動	・動物の表現遊びをする。	ねらい	・動物の特徴をとらえて，まねっこをする。
時間	環境構成	子どもの活動	保育者の援助および配慮事項
7：00		○順次登所(園)する。 ・挨拶をする。 ・出席ノートにシールを貼る。 ・持ち物を片づける。	・笑顔で元気に挨拶をすると同時に，一人ひとりの健康状態を把握していく。 ・どこにシールを貼るかわからずとまどっている子には，日付を知らせたり，印をつけたりして，自分で貼るようにする。
8：00		○好きな遊びをする。 ・砂場で遊ぶ。 ・固定遊具で遊ぶ。 ・鬼遊びをする。 ・三輪車に乗る。	・一人ひとりが興味をもっている遊びをよく観察するとともに，危険のないように見守る。 ・保育者もいっしょに遊ぶことで，遊びのモデルになったり，子どものしていることを具体的に認めたりして楽しさを共有する。
9：00		○片付けをする。	・使ったものを片付けるよう言葉がけをしながら，保育者も見本になるように，いっしょに片づける。

今日の保育活動から学んだこと，感想，反省，疑問点など

指導者のことば　　　　　　　　　　　　　　　　指導者印

Q44 なぜ実習記録を書くのですか？

A 1. 観察したことを忘れないために

実習中には，たくさんの活動の中で，保育者と子どもたちの関わりや自分と子どもたちの関わりがあります。次々と時間の経過とともに，それらが瞬く間に過ぎていくので，環境構成や子どものようす，保育者の配慮を，あとから細かく思い出すことはとてもむずかしいことです。

よって，1日の実習が済むごとに，実習記録をわかりやすくていねいに記入していくことが大切です。そうすることによって，どういう場面を見たり，体験したりしたか，そのときどういうことを感じたか，何を学んだかを忘れず整理することができます。さらに，客観的に再検討したり，反省したり，指導案作成時の参考にしたり，指導されたことを次に生かすことができるのです。

2. 書くことによって，第三者の目で見ることができるようにするために

1日の実習を終え，実習の中での印象的な出来事や，そのときに自分が考えたことや学んだことをわかりやすく記録しておくことにより，あとで読み返し，その場面をもう一度思い出して「そのときの自分の対応はよかったのだろうか」と自分の行動を客観的に見直したり，考え方が偏ったりしていなかったかというような考察と反省ができます。

3. 実習園からの指導や助言を得るために

1日の子どもの活動に合わせて，保育者の援助を書きます。実際の保育では，細かな配慮や留意事項をもって保育をされています。その内容を指導してもらったり，子どもの対応への助言やわかりやすい文章の表現方法などを教えてもらったりします。また，いつも実習指導の保育者といっしょにいるわけではなく，子どもたちと実習生自身しか知らない場面もたくさんあります。自分の子どもたちへの対応はよいのか，他の対処方法があるのか，と思うような場面があると思います。出来事をわかりやすく記入し，助言を求めれば，保育者はその文章から場面を推測し，アドバイスしてくださるでしょう。

Q45 実習記録を書くために，観察中にメモをとってもよいですか？

A 　実習中は，日ごろの生活では体験できないような場面が次々と展開されていくので，細かくていねいな実習記録を書くためには，時間経過とともにメモをとっていくことも方法のひとつとして大切です。しかし，メモをとることに時間や労力をかけすぎてしまうと，本来実習で学習すべきことが不十分になってしまう可能性もあります。たとえば，いつも書き込んでいると，保育者と子どもたち，子どもたち同士の関わりの大事な場面を見落としたり，子どもたちにも実習生が近づきにくい存在になってしまったりします。

　また，観察・参加実習時も，保育者のお手伝いをしながら子どもたちとも関わっていかなくてはいけません。ですから，なるべく両手があいている状態にしておくことが大切です。ずっと手にメモ帳や筆記用具を持っていては，十分な活動ができません。

　したがって，メモ帳と筆記用具が入るような少し大きめのポケットがついている服や実習着，エプロンを身につけ，できるだけ本来の活動のさまたげにならないよう，必要なときだけにさっと取り出して手早くメモをとる方法がよいでしょう。

　筆記用具は，水にふれてもにじんだり消えたりしない種類を選び，とがったペン先には注意しましょう。また，メモをとるためにメモ帳や筆記用具をポケットから出し入れするときには，子どもの身体に当たってけがをさせないように気を付けましょう。

　できるだけ，子どもたちの前でメモをとることは避けて，場所移動のときや子どもたちが保育者の話に集中しているとき，活動と活動の間など，子どもへの影響がなく，活動に支障がない状況で，すばやく要点をまとめて記入するよう心がけてください。

実習記録はどのように書けばよいですか？

1．準備するもの

①ボールペンまたはサインペン：一般的には，清書用は消しゴム等で消えない筆記用具で書きます。

②鉛筆，消しゴム：下書き用に使います。

③辞書：誤字・脱字がないよう，あいまいな用語は調べて書きます。

④定規：図示するときに使います。

2．記入時の注意

①適度な字の大きさや字間（字と字の間隔）に気を付けましょう。

　小さい字や斜めの字は読みにくいです。かといって，大きすぎる字で欄を埋めているようではやる気がないような印象を与えてしまいます。

②文体は「です・ます調」か「である調」のどちらかに統一します。

③誤字や文章を二重線（＝）で消したり，塗りつぶしたりしてはいけません。

④矢印を引いて文字や文章を挿入（追加）してはいけません。

⑤必ず読み返して，話し言葉や誤字・脱字のないようにしましょう。

⑥清書した後で③や④をしてはいけません。修正が必要なときは，基本的には書き直します。ただし，分量が少ない場合は修正液を使って汚くならないよう修正します。分量が多い場合は，白紙を貼って上からきれいに書き直します。本来はそのようなことが起こらないよう下書きをしましょう。なお，養成校や実習園によっては訂正印を押して書き直す場合もありますから，各養成校や実習園での事前指導にしたがってください。

3．主な項目に関する記載のポイント

※記録を書き始めるにあたって，まずは全体のレイアウトを構想し，それから各項目が時間の流れにそって対応するよう整理しましょう。

①時間：おもな子どもの活動に合わせて，時間を記入していきます。

②環境構成：

・常設環境や特設環境を図式化して記入するとわかりやすいです。たとえば，

机や椅子の配置，保育者と子どもたちの配置，物的環境等を図示します。また，準備するものや教材等についても数量も含め書いておきます。

・図示する場合は必ず定規を使いましょう。

・環境設定時に必要な事柄を文章化して記述します。

③子どもの活動：その日の子どもたちの生活や遊びの流れを，ポイントをしぼって記述します。

④保育者の援助および配慮事項：

・子どもたちの活動（遊びや基本的生活習慣関連）に応じて，保育者がどのような意図をもって援助や配慮をしているかについて記入します。

・「おこる」「やらせる」「させる」というような大人が主体の表現ではなく，「〜して気付くようにする」「〜するよう言葉かけをする」「〜しないように……する」というように，子どもを主体とした表現を心がけましょう。

⑤実習生の学んだこと，感想，反省：

・子どもたちの姿から発見したことや子どもの対応に関する疑問や感想などについて書きます。出来事を時系列に記述するだけでなく，そのことで何を学んだか，どこに疑問を感じたかという思考を展開して記述することが大切です。

・安易に保育所や保育者への批判的な内容を書くことは避けましょう。

・子どもの名前を書かなければならないときは，個人名がわからないようにアルファベットか，イニシャルを使用するのかを必ず実習指導の保育者に確認してから記述しましょう。

4．イラスト使用の可否などについて

「環境構成」の欄には，保育室の使い方や保育者と子どもの配置，その他ピアノや机・椅子，準備する物などを図示するとわかりやすいでしょう。また，製作活動の場合など，製作のしかた（製作過程）や完成図を図解しておくのもわかりやすくてよいでしょう。その他でのイラストの活用はあまり見られません。

Q47 観察した内容を，どの程度細かく書けばよいのですか？

A 　記録をどの程度細かく書けばよいかという点については，大きくわけて2種類の方法があります。1つは，1日の生活の内容を時間経過にそってそれぞれの項目毎に要領よく要点を押さえて記録する方法で，もう1つは子どもと保育者の言葉や行動をできるだけありのまま全部記録する方法です。実際，実習では要領よく要点を押さえて記述する1つめの方法をとる場合が多いですが，1日のある（必要な）場面に関して，ありのままを記述していくことが求められる場合もあります。必ず養成校や実習園の指導にしたがって書きましょう。

　子どもたちと保育者の言葉や行動の把握とともに，保育に関する知識と技術，配慮を学ぶためには，子どもの保育所での生活全般（集団での活動のようす，子ども同士あるいは子どもと保育者との関わりのようす，保育者の援助のようす等）についてていねいに把握することが重要です。そのために記録を書くことを忘れないようにしましょう。さらに，1日の時間経過とともに子どもたちの活動を整理し，そのときの保育者の配慮事項を具体的に書いておくことで，1日の生活の流れそのものについてや，ある場面での必要な環境構成についてや，そのときの自分の対応について等，あらためて反省したり考察しなおしたりできます。もちろん，疑問に思ったことを保育者に質問したり指導を受けるときにも，また自分が指導する立場になったときにも役に立ってきます。

　したがって，要領よく要点を押さえて記述するときには，漠然とした書き方ではなく「いつ，だれが，何をして，どうなったか，それをどのように考えたか」ということについて，他者が読んでもそのようすが理解できる（その場面を思い描くことができる）ように書くことが大切です。つまり，あなたの書いた記録が，"生きた記録"となるように仕上げることが大切です。

　なお，「順次登所（園）する」「朝の集会をする」「給食の準備をする」「午睡」「お帰りの準備をする」などはどこの保育所でも毎日くり返される子どもの活動ですから，その部分から書き始めていけばよいでしょう。

Q48 実習記録の書き方が事前に習った方法とは異なるのですが？

A 　Q43でも述べたように，全国的に統一された実習記録の書式（スタイル）や書き方はありません。書式も書き方も定型化されたものがないため，実際保育所に実習に出てみると，養成校で習った書式や記述方法とは異なる場合があります。全国にある保育所が，それぞれに工夫して記録をとっていますから，独自性の高い記録用紙や記録方法を取り入れている保育所で実習をすることになるかもしれません。各養成校ではそのあたりも十分配慮したうえで，一般的・基本的な記録用紙や記録方法について指導しています。実習記録に対する基本的な考え方は大きく変わりませんから，養成校での学習を参考にしながら，実習園の指導にしたがって記述してください。

　具体的な姿勢としては，「私はそのような書き方は習っていません」とか「知りません」「書けません」というような拒否的な態度をとるのではなく，様々な実習記録のあり方や記述のしかたについて学べる絶好の機会だと受け止め，その保育所で工夫された記録のとり方について，積極的に学ぶ姿勢を心がけてください。

　実習記録は養成校で事前に配布され，実習園に持参しますが，実習園が使用している記録用紙と書式（スタイル）が異なるときは，基本的にその実習園の書式に合わせて実習記録の項目やスタイルを変更してもかまいません。おそらく養成校側の対応としても，実習園に合わせて変更するよう指示がある場合が多いと思います。

　なぜ，記録をとるのかという基本的な考え方において，養成校も実習園もちがいはありませんから，実習記録の記入内容や項目はおおむね「時間」「子どもの活動」「環境構成」「保育者の援助」などで構成されているでしょう。項目の表現方法や追加・変更などが実習園によって起こりうるということです。

　実習終了後，養成校で各実習園の実習記録の書き方や書式などについて学ぶ機会をもつのもよいでしょう。

実習指導の保育者によって，書き方の指導が異なるのですが？

A 　実習生の実習計画は，実習園によって異なることもあります。たとえば，実習期間中ずっと同じクラスに配属され，同じ実習指導の保育者から指導される場合もあれば，実習するクラスが１つに固定されず各年齢ごとに数日間ずつ移動していく場合や，３歳未満の乳児クラスと３歳以上の幼児クラスを前半と後半で半分ずつに配属される場合もあります。そのような場合は担当の保育者も変わるので，記録に対する基本的な考え方は同じでも，子どもの年齢によって書き方が異なってくることは当然あります。つまり，実習指導の保育者が変わったためというよりも，担当する子どもの年齢が変われば，年齢的配慮や発達のようすによって，どこにポイントをおいて記述するのかという点が異なってくるのです。

　子どもの発達過程によって発達の内容は変わってきますから，配属されるクラスの子どもたちに関わるときの視点や姿勢も異なってきます。たとえば，低年齢児では健康に関する部分は個々に詳しくていねいに書くよう求められる一方，幼児クラスになると特に気になる点だけの記述でかまわなかったりします。また，実習指導の保育者が様々な要素を読み込みながら保育のねらいを設定し，展開したその日の保育について，どのように整理し記述していくかは，その日の保育のどこに，あるいは何にポイントをおいているかによって書き方は異なってきます。たとえ，同年齢のクラスの保育者であっても，それぞれの保育者が今日の保育の中でどこに配慮しているのか，特に気を付けている点はどこなのかによっても記述のしかたがちがってくるでしょう。中には，同じ保育所内でも，それぞれの保育者の保育観や発達観が異なる場合もあります。その場合も実習記録の書き方の指導は異なってくるでしょう。

　いずれにせよ，担当していただく保育者の書き方の指導を受けて，よくわからない場合は質問して記述できるようにしましょう。記述にあたってのポイントは遠慮せずしっかり尋ねましょう。

指導案とはどのようなものですか？

保育所は児童福祉法に基づいて，保育を必要とする乳幼児を，養護と実習生教育が一体となって，豊かな人間性をもった子どもを育成することを目的とする施設です。保育所とは，乳幼児が生涯にわたる人間形成の基礎を培う極めて重要な時間に，その生活時間の大半を過ごすところになります。そのため，子どもたち一人ひとりの健全な心身の発達を促す保育所の保育には，まず子ども観をしっかり把握したうえで保育の目標を設定し，子どもたちを取り巻く社会の動向を直視し，保育の環境を整えるとともに，具体的な保育の内容：ねらいおよび内容のもとに保育の計画をたてる必要があります。

　保育計画とは，「子どもが，現在を最も良く生き，望ましい未来をつくり出す力の基礎を培う」という保育の目標を達成するために作成される計画で，保育課程（保育の目標とそれを具体化したねらいと内容が，子どもの生活の連続性や発達の連続性に留意し，保育所生活の全体を通して，総合的に展開されるように編成された保育課程）と，指導計画（保育課程に基づいた保育を展開させるための具体的な指導計画）から成り立っています。

　指導計画はさらに子どもの生活や発達を見通した，年・期（季）・月などの長期的指導計画と，それと関連しながらより具体的な子どもの生活に即した，週・日などの短期指導計画があります。保育現場では「○歳児（○○クラス）年間指導計画」「○歳児春季指導計画」「○歳児○月指導計画」「○月第○週指導計画」「○月○日指導計画」とよんだり，単に年案，期案，月案，週案，日案という場合もあります。この他に，子どもの1日の生活リズムを大切にするために日課表（デイリープログラム）が作成されていますが，日案とは異なるので混同しないようにしてください。

　これらの指導計画のうち，特に実習に関係が深いものとして，月案や週案，日案が重視されがちですが，保育の計画はその保育所の設置の理念や保育実践の積み上げ，家庭や地域の実態，保育ニーズなど様々なことがらを考慮したうえで立てられるものなので，保育の目標や年案，期案なども，実習生にとって

は重要な参考資料となります。事前のオリエンテーションの時にいただいて，実習初日までに実習園の保育の全体像を把握しておく必要があります。

　実習が何日か進むと，実習生自身が実習指導の保育者の指導を受けながら主体的に取り組まなければならない部分実習と責任実習を経験することになります。1日の保育の流れの中での一部や設定保育，あるいは登園までの1日を担当するために作成するのが「指導案」です。したがって「指導計画」などの学習を怠った場合，指導案は実習施設の保育方針を無視したその場限りのものになる危険性があります。

　部分実習は保育活動の一部分を受け持つ実習で，責任実習をより実りあるものにするため，実習生の保育緑・実践力をつけるための導入部分と考えられるものです。たとえば現場では，設定保育や昼寝，昼食やおやつなどの前後の手遊び・紙芝居・素話などや朝夕のつどいや昼寝，昼食やおやつ，長時間（延長）保育児の保育など部分的な時間を担当させます。これらの部分実習についていては指導案の掲示はほとんど求められませんが，事前に実習指導の保育者から提示があるので，子どもたちの生き生きとした生活や活動を保障するためにも，また実習生自身の保育力・実践力を高めるためにも指導案を作成し，十分な準備をしておく必要があります。

　責任実習は設定保育や半日保育，全日保育などとよばれるもので，見学・観察・参加・部分実習の経験をもとに，基礎的知識・技術や専門的知識など総合化し，実習生自身が責任をもって主体的に指導案を作成し，実践する「総合と体験」の場です。たとえば設定保育とは，午前中の日課の中で子どもたちが最も集中しやすい時間帯に発達課題を考慮して設定されている保育ですが，その園の指導計画に基づいて展開されるものなので，期案や月案，特に週案の流れを念頭に，実習指導の保育者の指導を受け，綿密な指導案をたてる必要があります。指導案を作成する場合，特に重要なことは，子どもたちの主体的な活動を支えるという視点です。その他の留意点（ポイント）についてQ52で詳しく説明しているので参考にしてください。

　なお，巻末付録に指導案（部分実習と責任実習）の実例説明をしておきます。

Q 51　指導案をたてる目的は何ですか？

A 保育所実習が終わったあとの養成校の反省会で，ときおり耳にするのは，「子どもたちが遊びを中心に，自由にのびのびと活動していたのですばらしかった」という感想があります。まるで指導計画など不必要だと言わんばかりの発言です。でも，考えてみてください。もし，子どもたちが自由気ままに，自分たちの好きなことだけに取り組んでいたとしたらどうなるでしょうか。たぶん活動が偏ったり，望ましい発達は期待できないのではないでしょうか。

　子どもの発達には，個人差はありますがそれぞれの時期に経験しておかなければならないものがあります。見た目には自由で生き生きと遊び，生活しているようですが，その背後には必ず年齢に応じた，また子どもたち一人ひとりの特性にそった指導計画があります。それがあるからこそ，子どもたちが自発的・意欲的に環境が関わり，主体的に活動し成長しているのです。

　子どもたち一人ひとりが，この宇宙にたったひとつのかけがえのない命を授かっているのです。指導案をたてる目的は，子ども一人ひとりの命の歩みを支えるためにあります。すなわち「保育所保育指針」に示されている「子どもが，現在を最も良く生き，望ましい未来をつくり出す力の基礎を培う」という保育の目標を達成するために指導案は必要なのです。

　具体的には，指導案を作成する場合特に重要なことは①子ども一人ひとりの発達の課題と見通しを明らかにする。②子ども一人ひとりの生活や活動が柔軟で発展的なものにする。③子どもが主体的に活動できるよう環境を構成する。④一貫性のある保育が展開できるような内容でなければなりません。さらに実習生自身の保育力・実践力を高めるためにも，指導案に基づく保育の内容を〈評価・反省〉し，今後の保育に生かすための〈改善〉という一連の作業を怠ってはいけません。

Q 52 指導案をたてるときのポイントを教えてください。

A 指導案は，部分実習にしても責任実習にしても，いずれの場合も実習園の指導計画の一部を展開するためのものです。ひとりよがりの案にならないように月案や週案，保育の流れにそったものであることが大前提になり，そのためには実習指導の保育者の指導を受ける必要があります。たとえば責任実習の指導案をたてる場合，①実習生が得意とする活動分野の中から，子どもたちにぜひ伝えておきたいと考える活動を中心にする指導案，②子どもたちの日ごろの遊びや興味，関心をさらに発展させようとする指導案，③実習指導の保育者から求められる季節や地域の行事などを考慮した指導案など，様々な指導案が想定されます。いずれの場合も実習園の指導計画にそうよう，実習指導の保育者の指導を受けることが大切です。以上を前提に，次に指導案をたてる際に留意しなければならないポイントを示します。

①家庭や地域社会での子どもの生活実態や環境が把握できているか

②子どもの現在の遊びや興味，関心が把握できているか

③園の指導計画：期（季）案，月案，特に週案のねらいが理解できているか

④週案の保育の流れとの関連はどうか

⑤活動の時間と生活の連続性との関係はどうか

⑥活動の内容が，子どもの年齢や時期（月齢や年齢）に適しているか

⑦子どもが主体的に活動を展開できる環境構成・内容になっているか

⑧子どもの変化を予測した柔軟性・弾力性のあるものとなっているか

⑨活動の間合わせや移動のときの援助の方法は配慮されているのか

⑩動と静，緊張と休息の調和がとれた内容になっているか

⑪ひとりよがりの押しつけの活動になっていないか

子どもにとっては実習生も保育者の一員です。子どもの主体的活動を支える援助者であることを自覚し，指導案を作成してください。

Q 53 設定保育の展開の方法がよくわからないのですが？

A　保育は，「子どもが自発的，意欲的に関われるような環境を構成し，子どもの主体的な活動や子ども相互の関わりを大切にすること。特に，乳幼児期にふさわしい体験が得られるように，生活や遊びを通して総合的に保育すること」（保育所保育指針第1章保育の方法）と示されているように，子どもの興味や関心に基づく主体的な活動を中心に展開することが原則です。しかしながら，子どもの興味や関心を中心とした活動では偏りができたり，望ましい発達がはばまれてしまうかもしれません。そのために保育者がある一定の意図（保育のねらい）をもって，子どもの発達に必要な内容を取り入れた活動を設定する必要があります。このような計画のもとに行われる保育が「設定保育」といわれるものです。実習生は実習期間中（後半に行われることが多い）にこの設定保育を何度か体験することになりますが，保育力・実践力をつけるまたとない機会です。実習指導の保育者の指導のもとに綿密な指導案をたててください。

　「設定保育の展開」を考えるうえで留意しなければならないことは2つあります。1つは設定保育という表現から，どうかすると全員が一斉に同じ活動を取り組むように考えがちですが，どのような「ねらい」と「内容」であれ，全員が一斉に同じ活動をする場合，グループごと，あるいは個々別々の場合のいずれの取り組みが子どもの充実度に最も効果的なのかを考えなければなりません。もう1つには，活動の主導性をどこまで保育者がもつかということです。設定保育がある一定の意図をもって計画された活動とはいえ，導入から最後までのすべてを保育者が主導することが好結果を生むとは限りません。たとえば取り組みのきっかけ（導入）のみを設定保育で行わない。活動そのものは子どもに委ねるという方法もあります。また，導入部分と活動中に変更もしくは修正を必要とした部分を援助するという方法など，保育者の主導性の取り方にはいろいろな形が考えられます。設定保育は，子どもがそのあとの日常の生活や遊びをより発展・充実させていくための機会です。一方的な押しつけにならないように注意してください。

Q 54 　指導案のとおりに保育が展開できません。どうずればよいですか？

A 　指導案は，子どもの現状を理解し，月案や週案，保育の流れにそった，子どもたちが主体的・意図的に活動できる楽しい計画でなければなりません。保育者の指導のもとに綿密な計画をたてたつもりでも，なかなか計画どおりにいかないものです。経験豊かな保育者でも計画どおりにいかない場合もが多く，もし計画のとおりに展開できたという実習生がいたとすれば，それは子どもの動きを無視して一方的に進めた結果と考えられます。それでは，子どもの健全な心身の発達を促したことにはなりません。大切なことには失敗を次の機会に生かすことです。子どもに身体的苦痛を与えたり，人格を辱めるような失敗は絶対に許されませんが，失敗を顧みる，反省する姿勢こそが，よりよい保育者へと導いてくれるのです。指導案に束縛されるのも問題ですが，指導案とおりに保育が展開できなかったときのヒントにしてください。

1. 基礎的知識の学習不足による場合
   指導案作成の前提となる基礎的科目と実習の関連性や一人ひとりの子どものおかれている状態および家庭，地域社会における生活の実態の把握，保育課程指導計画などの把握ができていない場合など
2. 指導案そのものに問題がある場合
   子どもの遊びや興味，関心との関連性が欠如していたり，発達段階にふさわしくない課題になっている場合や環境の構成が不十分であったり，時間の配分に無理がある場合など
3. 保育技術の未熟さによる場合
   導入のしかたや集中させるための技術，年齢相応の言葉づかいや説明能力，一人ひとりへの対応のしかたなどの技術の未熟さによる場合など

　実習では事前に十分に学習・検討し，準備・練習をしておいてください。大切なことは，自分で計画した指導案に縛られないことです。そのときの子どもの行動や状態，取り組みによっては計画を変更・修正するという柔軟性も必要です。

Q 55 手遊びや絵本を選ぶとき，何かを製作するときのポイントを教えてください。

手遊びや絵本，製作物を選ぶときは，子どもの年齢，いつ，どのような状況で，何を目的に行うのかということを考えることが大切です。

1．手遊び

　手遊びは，園の行事などで多くの子どもが集まったときや絵本を読む前など，おもに集団の場で子どもたちが気持ちを集中し，落ち着くことができる遊びの1つです。また，年齢の小さい子どもや，情緒的に不安定になっている子どもに対して，1対1で関わり，触れ合うことで，親しみや安心感をもたせる目的で行うこともあります。

　行事のときなど，多人数で行うときは，どの年齢の子どもにとってもわかりやすい，リズムのはっきりした，動きの簡単なものが適当です。また，行事のテーマや季節にちなんだ手遊びを選ぶと，どの子どもにとっても興味深いものになります。

　年齢別のクラスで手遊びをする場合は，子どもの発達に応じた身体や手指の動きであるものを選びます。乳児であれば，やさしく身体を揺さぶったり，「いない いないばぁ」の遊びが入ったものが楽しい時期ですし，4・5歳児であれば，手指の巧緻性を必要とする少しむずかしい手遊びを選ぶと，その場の遊びにとどまらず，できないことに挑戦しようとする気持ちが刺激され，友達と競い合って取り組む楽しさにつながっていくことでしょう。

2．絵本

　乳児の絵本は，絵がはっきりした，くり返しがあるなどのわかりやすいものを選びます。特に言葉がふえる時期の子どもには，生活に密着した題材で，言葉と物が結びつきやすいものを選ぶことが，発語を促すことにもなります。

　幼児になってくると，絵本の世界を通して，実際には自分が体験していないことを，イメージの中で体験することができるようになってきます。登場人物の気持ちを自分のことのように考えることで，思いやりの気持ちが育つことにもつながっていきます。絵本を読み聞かせることでクラスの子どもたちが共通

の世界をもつことができる機会となるので，たとえば，「友達と力を合わせてひとつのことに取り組む」などの，集団として育てたい力をテーマとした題材を選ぶことも大切です。

　発達途上にある子どもたちが，希望や夢をもつことができる前向きな内容の絵本を選びたいものです。

3．製作

　製作は，ひとつの決まった形を完成させることが目的ではありません。一人ひとりの子どもが，自分を表現する手段のひとつとして製作があります。したがって，製作をしたことで子どもが満足感を得ることができ，自信をもつことができるということが大切です。

　具体的には，年齢に応じた課題，たとえば「のりをつかう」「はさみをつかう」といったことを活動の中に取り入れながら，一定の時間の中で，課題に取り組むおもしろさや完成の喜びを味わい，できあがった製作物で遊んだり，自分たちの部屋を飾る楽しさを友達と共有できるようにします。さらに，季節に応じて，全身を使って絵の具での描画に取り組み開放感を味わったり，どんぐりなどの自然物を素材とした製作をすることも楽しい活動です。また，こいのぼりやお雛様づくり，クリスマスのリースづくりなど，年中行事にちなんだ製作も取り入れてみましょう。

　共同製作と個人での製作，全身を使ったものと手指の細かな動きが必要な活動，素材や色の変化を楽しむ活動などをバランスよく経験することができるようにしましょう。

　手遊び，絵本，製作のいずれについても，現在の子どもの発達のようす，興味や関心を捉え，それに応じたものを取り上げることが大切です。子どもの好奇心や探究心を満たす題材であることが，子どもにとって楽しい活動となり，満足感や自信につながっていきます。また，毎日の活動が楽しいものになれば，子どもは「今日はどんな楽しいことをするのかなぁ……」という期待をもって活動に取り組み，いろいろな活動に集中する力にもなります。

　保育者自身が自信をもって，楽しく取り組めるよう，子どもの姿を具体的にイメージしながら十分な準備をしておきましょう。

用意した教材をどのようなタイミングで使えばよいですか？

Q 56

A 　実習に向けて絵本や紙芝居，ペープサート，エプロンシアターなどいろいろな手づくりの教材を準備するのは時間がかかりますが，市販の教材とはちがった個性が出るので，子どもたちもより興味をもってみてくれることでしょう。

　実習中には，朝の集まりや給食の前，帰りの会のときに絵本を読んだり，ピアノ伴奏で歌を歌ったりなど，いろいろなときに部分実習を担当させてもらうことになります。このようなチャンスを生かして積極的に自作の絵本やエプロンシアターなどの教材を使ってみましょう。

　また，責任実習などでクラス全体活動を担当する際にも手作り教材の内容が活動につながるようなものであれば，その導入として使うことができます。たとえば，ピョンピョンガエルを製作するのであれば，子どもたちがカエルをイメージしやすいように，おたまじゃくしやカエル，雨の日などに関連した自作絵本・紙芝居を読むのもよいでしょう。それらをうまく使って活動の動機づけ（導入）にすれば，子どもたちもより興味をもって活動に取り組めるようになります。

　これらの自作教材を使用するときには，その教材が子どもの年齢に見合った内容かどうかをよく考えてください。紙芝居・絵本は対象年齢によって字数やページ数，枚数が異なりますし，テーマも季節や子どもたちの興味に合ったものであるかどうかということも考慮しなければなりません。ペープサート・エプロンシアターは年齢に応じて話の内容がむずかしくなりすぎないよう考えましょう。

　これらの自作教材のほかに，乳児向けのおもちゃなども自分で製作しやすい教材です。乳児がなめたり強く握ったりたたいたりしても大丈夫なように，安全面に配慮し製作することが大事です。発達段階にあったおもちゃを乳児と1対1で関わるときに提示し，興味を示したらいっしょに遊ぶとよいでしょう。いずれにしても，内容や使うタイミングについては実習指導の保育者にも前もって相談をしておいてください。

Q 57 責任実習で製作をする場合は実習園にある教材を使ってもよいですか？

A 　実習で配属されたクラスの保育者の許可をもらったうえで使用してかまいません。画用紙・色画用紙や折り紙，絵の具などは基本的に園に常備されていると思いますので，使用させていただくことをお願いしてみましょう。クレヨン・マジックやはさみ，のり，油粘土等は園児個人の持ち物としている園が多いと思われます。必要に応じて使うことは差し支えないでしょう。

　責任実習での製作ですから，あらかじめ実習指導の保育者には実習の内容を相談し，指導案についても指導を受けているはずです。指導案にそって何がどれだけ必要なのかということをあげ，そのリストを見せて保育者から許可をもらうとよいでしょう。

　ただし，物によっては許可されない可能性もあります。許可されなかったり，実習園においてない物を使用する場合は自分で準備しなければなりません。たとえば，牛乳パックやペットボトル・食品のトレーなどを使って，水に浮かぶ船の製作をするような場合は早くから準備をしておかなければ，クラスの人数分の材料を用意することはたいへんですね。購入しなければならないものもあるかもしれません。その場合も高価なものは使わないようにしなければなりません。また，園児一人ひとりに画用紙を切り分けて準備しておく場合など，大きめのカッターなどの道具類が必要となることもあります。他の人と重なって自分が使いたいときに使えるとは限らないので，準備のスケジュールにも余裕をもたせることが大切です。

　実習が始まる前には配属されるクラスが決まり担当する年齢がわかっているはずですので，あらかじめおおよその指導案をたてて準備物を予測し，余裕をもって準備を始める必要があるでしょう。

Q 58 実習最終日に何か特別なこと（プレゼントの
用意）をしたほうがよいですか？

A 　必ずしも実習最終日に特別なプレゼントを用意する必要はありません。
実習期間中ですから，まず，実習記録や責任実習などの実習の課題にし
っかり取り組むことが最も大切です。最終日は総まとめの日となりますので，
実習で身に付けたことがしっかり実践できるように取り組みましょう。もし実
習中に失敗したりくじけそうになったのであれば，それを克服して最後までが
んばっている姿を子どもたちに見せることが一番のプレゼントなのです。

　そのうえで時間的に余裕があるならば，実習で配属されたクラスの子どもた
ちに手づくりのプレゼントを用意すればよいでしょう。その場合，特定の子ど
もにプレゼントするのはよくありません。もらえない子どもの気持ちを考えて
みましょう。ですからプレゼントをするのであればクラス全体に対して，また
は1人ずつプレゼントを渡す場合はクラスの子どもたち全員に渡せるように用
意する必要があります。

　たとえば手づくりのカードなどに実習中にその子どもと関わった思い出など
を一言ずつ書くのもよいと思います。絵を描いたりするのが得意ならば特技を
生かすよい機会です。ほかに折り紙の作品やフェルトでつくったマスコットな
どもよいと思いますが，1つをつくるのに時間や費用がかかるようなものはさ
けましょう。

　ただし，実習生が来るたびに何かプレゼントがもらえるといった慣習ができ
ることが保育所の教育上の問題になる場合もあります。実習最終日に子どもた
ちにプレゼントを渡したいのであれば，前もって実習指導の保育者に伝え，了
解を得ておく必要があります。

　また，部分実習などで読んだ自作の絵本や紙芝居を子どもたちがたいへん興
味をもって見てくれたのであれば，それをクラスにプレゼントすることもよい
のではないでしょうか。

子どもたちに早くなじむにはどうすればよいですか？

A　ここでいう「なじむ」とは，たんに子どもと早く仲良くなるということではありません。もちろん，保育者として早く子どもたちと仲良くなりたいという気持ちは切実な願いですね。しかし仲良くなれたからといって，保育者の役割が果たせるわけではありません。たとえば，子どもが好きなキャラクターのものまねをして，子どもの人気をとろうとする実習生を時々見かけますが，それはただ子どもの注目を喚起するだけの行動で，子どもが困ったときに助けを求める対象は，そのような実習生ではありません。

　「なじむ」とは，子どもたちから信頼される対象となることです。それには，子どもの注目を集める“1対多の関係”よりも，地道に子どもたちと“1対1の関係”を積み上げていくことが大切です。“急がば回れ”です。“1対1の関係”を積み上げていくためのポイントをあげてみます。

①子どもが何を楽しんでいるのか理解する

　楽しんでいるとき，笑顔のとき，集中しているとき，不安になっているときなど，その時々の子どものまなざしに注目することです（例：表情を見る）。

②子どもたちと共感体験をもつ

　子どもたちが遊びや活動で感じている楽しさを理解するために，子どもの横で実習生も同様に活動に取り組んで心の動きを感じ読み取っていきましょう（例：そばで同じ遊びをする）。

③子どもたち一人ひとりを大切なかけがえのない存在として接する

　子どもの名前を覚えることも大切です。たとえば，子どもが「○○組さん」など集団として扱われるのではなく，「○○ちゃん」ということで「大切なあなたに話しかけているのですよ」というメッセージが伝わるからです。

　「なじむ」ということは，実習生側だけのことではなく，子どもたちからも実習生を大切な存在と受け止めてもらうという，双方向のことがらなので，ひとりの子どもの気持ちを丁寧にみることから始めましょう。

Q60 実習生が授乳や沐浴をすることがありますか？　そのときに注意することは何ですか？

A 乳児にとって授乳や沐浴（身体を水で洗い清潔を保つこと）は，大切な生活習慣です。実習生が保育の中で授乳や沐浴をする機会は十分考えられます。しかし，授乳や沐浴をたんなる乳児のお世話と捉えてはいけません。乳児に直接ふれて，視線を交わし，言葉をかけ，いとおしむ心を伝える大切な時間です。保育所という集団生活の中にあっても，授乳や沐浴は乳児と保育者との1対1の関係でしか行うことはできません。

その中で身体とそして何より心を育成していることを忘れないでください。

1．授乳について

0歳児，1歳児保育では授乳が大切です。特に0歳児は，適切な栄養補給がなければ，良好な発育どころか，命も危ぶまれる状態となります。大人からの養護がなくては生きていけないのです。乳児は授乳から離乳食に移行していきますが，乳児の順調な発育は保育者の計画的で系統的な保育とよい習慣づくりが大切です。実習中の授乳は，実習指導保育者の指導を受け，以下のことに配慮しましょう。

①授乳の手順をまちがえない。

②話しかけながら授乳する。

③授乳量は，乳児の満足したようすから判断する。

④遊び飲みのひとときを大切にする。

2．沐浴について

実習中に沐浴をさせてもらうのであれば，そのしかたを事前に十分に理解し，人形などで練習したうえで，以下の点に配慮して行いましょう。

①子どもの健康状態に十分注意しましょう。普段とようすがちがうようなら無理に沐浴を行わなくてもよい。

②事故に気を付ける。実習生がびくびくしていると，乳児はすぐに察知して泣き出し暴れますので，安心感が伝わるよう落ち着いて行う。

Q61 子どもたちの活動を，どこまで見守りどこから援助すればよいですか？

A 保育者が子どもたちの活動を見守り援助するとは，目の前の子どもたちの活動の評価をし，それによって指導の方向性を見いだし，援助の方法を考えていくということです。もちろんそこには保育者自身が反省的に捉えなおす姿勢も必要です。このように言葉で説明するとだれにでもできそうなことですが，とてもむずかしいことです。

まず，「見守る」とはどのようなことでしょうか？　実は，見守るということも大切な援助の方法のひとつなのです。「見守る」と「援助」という保育者の役割は別々の目的をもったものではありません。いずれも，保育の主体である子どもの思いに寄りそうために必要な手立てです。子どもの思いを読みとり，読みとったことをもとに保育者の意図が働き，それに対してまた子どもが反応し，そこから新しい方向性が生まれます。見守り援助することは，子どもと保育者との相互の関わりを豊かにするために必要なものです。ですから，この質問に忠実に答えようとすれば，「子どもの状態や，そのときの状況によって援助の方法は異なるものだから，ここまでは見守りここから援助するのがよいなどと決められるものではない。その場その場で判断し対応していかなくてはならない」ということになります。

ここでは，保育者が子どもたちの活動を見守ることで，子どもたちの育ちを支えていることになるということを具体的に考えてみましょう。それは大きく分けて2つあります。

①子どもたちが今行っている活動を認め，その時間や機会の環境を整える。

②子どもたちが保育者により見守られることで，自分たち（の活動）を肯定的に受け止められる。

次に，先にも述べたように，目の前の子どもたちの活動がそのままでは思いや願いが実現しないと評価した（保育者の意図がはたらく）ときに，保育者が援助することです。実習生は，その評価や方向性，具体的な援助方法についてわからないのは当然ですので，最初は，具体的な判断基準や援助方法について，

子どもたちの活動をていねいに観察し，保育者の子どもたちへの働きかけなどをよく見て，学ぶことが大切です。

　ここで，援助について事例を紹介しながら3つのステップ（段階）で考えてみましょう。

【Step1】子どもの行動から内面を理解して，子どもの願いがどこにあり，どのように実現したいのかを考える。

（例）　3歳児の男の子がままごと遊びに入りたいのだが，入るタイミングをつかめないまま，怪獣になってままごとコーナーを荒らし，じゃまをしている。このような場合，その子に対してその行為を禁止するだけでよいのか，それともその子の思いを汲み取り，子どもの代弁をし，つながりをつけるなど，どうすれば願いが実現するかをその子といっしょに考える必要はないか。

【Step2】子どもの願っていることが，その子の育ちや発達，今の環境に適しているかどうかを考える。

（例）　2歳児がゆっくりであっても自分で着替えようとしているときに，実習生が親切心で手伝ってしまうというのは？

【Step3】"この子にこうなってほしい"という保育者の願いから，"どういう体験が必要なのか"を考える。

（例）いつも消極的なA子が得意なもので友達から認められ，自信をもってほしい。友達の中でA子の世界を広げるためにどうするのか。

　「ああでもないこうでもない」と試行錯誤し，自己反省をくり返し一生懸命考えても，援助が常に成功するわけではありません。1回の援助ではなかなかうまくいかないこともあります。子どもの発達や成長に応じて，援助や保育のあり方も柔軟に変えていく必要もあります。異なった年齢の子どもたちを見て，その対比で子どもを理解することも有効です。

　大まかな目安は，「保育所保育指針」（厚生労働省，2017）第2章の「保育の内容」を参考にしてください。なお，「保育所保育指針解説」（厚生労働省，2018）には，さらに子どもの発達過程やその連続性に関して詳しく示されています。

Q 62 同じ子どもが離れようとしないとき，どうすればよいですか？

A 　配属されたクラスに初めて入るとき，実習生は不安と緊張でいっぱいです。短い実習期間で自分を好んで近寄ってくれたり，離れようとしなかったりする子どもができるとうれしい気持ちを抱くことでしょう。しかし，集団で活動をしているときや遊びの間ずっと離れずに動けなくなって困ることが起こります。

そのようなとき，あなたはどうしていますか？　保育者のようすを見て「この状態を続けていてもいいのかしら？」とか「他の子どもとも関わりたいのに」などと思って悩むのではないでしょうか？

子どもが実習生にくっついて離れない行動をなぜ起こすのかよく考えてみてください。まだ遊んでいたくても次の活動へ移らなければならないときに実習生を逃げ場として求める，精神的不安や情緒不安定なときにかまってほしい，友達との関わり方がわからず，ひとりとの関わりを求める，保育者の気を自分に向けたいなど，年齢や個人の状況によりその行動を起こす原因は様々な背景から起きていると考えられます。実習生を独占することで満足感を感じている子どもを離すのは容易ではないですし，「このまま受け入れていると甘やかすのではないだろうか」とか「私がいなくなるとどうなるのかしら？」と心配する気持ちを抱くかもしれません。ですが，その心配はいりません。いつか実習生がいなくなるのをわかっていながら，あなたに「いまの気持ち」を受け入れてほしいのです。

あなたから離れない子どもがいる場合は，なぜこのような行動をとるのか保育者に尋ねてみてください。それから「私はどのようにすればいいのか，わからず困っています」と話してみましょう。保育者は毎日の子どものようすや家庭環境，個人の特徴をよくご存じですから適切な指導をしてくださると思います。そして「いま，この子どもには私が必要なんだ」と意識して関わるようにしてください。

食事のときに好き嫌いをいう子どもにはどう対応したらよいですか？

A あなたは好き嫌いがありますか？　もし，あるのならそれは食材ですか，それとも調理法でしょうか？　また，どうしてその食べ物が食べられないのでしょうか。たいていの場合，だれにでも食べ物の好き嫌いはあると思います。理由はないけど食べられない，口にしたことがないから食べられない，見た目が嫌である，臭い・味・食感が嫌い，無理をすれば食べられるけれど好んで食べたくはないなど，様々な理由づけをしています。最近ではアレルギー除去食などで食べていないことや食べたくても食べられないという場合も多くみかけます。

子どもは食べ物を目・鼻・口で確認し，空腹を満たすために安全で食べやすいものを選んでいますので，苦手なものだと舌で押し出したり，口を閉ざして横を向いたり，泣いて抵抗したりします。幼児クラスでは，いつまでも口の中に入れたままだとか，苦手な献立があると普段より時間がかかるとか，時にはわざと食べ物を机の下に落としたりする子どもも見られます。しかし，保育者はどの子どもにも栄養と発達・成長（ものを噛む力を養い，脳への刺激やあごの発達を進める）を考えて，一人ひとりの子どもの食状況に合わせて食べてくれるように努めています。たとえば，少しの量から食べようとする気持ちが育つように，調理員と相談して食べやすいように工夫しています。食事をともにしながら「今日は一口だけ食べてみようね」とか，「先生の食べるのを見ててね」とおいしそうに食べるなどして促しています。

乳児クラスは，子どもが最も苦手とする野菜が多いメニューの場合，主食と交互に与え，おなかのふくれやすいスープ類をあとで与えることがあります。これは，苦手な食べ物を後回しにしている間におなかが満たされ，残りの食べ物を口にしなくなることがあるからです。

実習生は一人ひとりの子どもをよく観察し，言葉がけを多くして援助してください。

Q 64 乳児クラスで食事を援助するときのポイントは？

A 　離乳が完了した子どもの場合，お腹がすき，食事を喜んで食べることの心地よさを実感させるのが第一の目標で，第二の目標はいろいろな食べ物を見て触って味わう経験を通し，自分で食べようとする意欲を育てることです。そのために保育者は工夫をしながら子どもの食事を援助しています。何でも遊びにしてしまう赤ちゃんにとって食べることは遊びのひとつかもしれません。そのため，保育者が口に運んでも，自分の望まないものなら食べるのを拒んだり，食べるのに時間がかかることもあります。色，感触，舌ざわり，味，食器やスプーンなどで五感に働きかけ，噛んで味わう体験や好奇心が刺激されるよう「モグモグ・ゴックン」などと言葉をかけてみましょう。また，一度にたくさんの量が食べられない赤ちゃんはお腹が膨れると眠気をもよおし，食べている途中で居眠りをすることもよくありますから，食べる量と時間を考えて援助してください。

　また，離乳食が進むころから，「遊び食べ」をする子どもがいます。たとえばスプーンで食べ物をかきまぜたり，食器をたたいたり，椅子から立ち上がろうとしたりして食事に集中できないなどです。こういう場合，なんとか食べることに専念させようと無理に誘うと逆効果になり，泣いたり食べものを吐き出したりして抵抗しようとすることがあります。「遊び食べ」も子どもの発達の過程として捉え，おさまることを見通しとしてもちながら楽しく食べる雰囲気づくりをするように工夫しましょう。

　その他に，子どもに食事を食べさせるうえで特に気を付けたいポイントは，子どもの噛む力が備わっているかという点です。噛まずに飲み込んでしまう子や噛む力の弱い子どもの姿が見られたときは，保育者にその状況を尋ね，適切なアドバイスをもらってください。

Q 子どもたちがけんかをしたときにはどう対応
65 すればよいですか？

A 　けんかはお互いのなんらかの利害の衝突から起こりますが，その原因が解決すれば元の状態に戻ります。しかし，幼い子どもの場合は，あるメッセージを「けんか」と見なされやすい行為で示すこともあります。この行為を相手の子どもがどのように理解するかは家庭での人間関係がモデルとなります。また，保護者や保育者の対応によって，けんかの展開やけんかを通して子どもが学ぶ内容が異なるところに対応のむずかしさがあります。

　けんかは一見，避けたほうがよいことのように見なされますが，相手のメッセージをどのように理解し，応答していくかというコミュニケーションのしかたを学ぶ機会ともいえます。

　けんかをして自分と相手との感じ方やものごとの進め方のちがいに気付けば，解決のために自分のいいたいことやしたいことを表現しなければなりません。さらに自分を相手に理解してもらうためには，相手のメッセージを受け取って自分の意思と異なることを調整していく必要がでてきます。

　このようにけんかは激しく，苦しい感情体験を乗り越えて味わえる喜びや自分を冷静に見つめる目を育て，良好な対人関係を築いていく土台をつくります。

　けんかは当事者だけでなくまわりの子どもにも影響を及ぼします。当然，保育者の対応もけんかをしている子どもだけでなく，周囲の子どもたちも注目することになります。対応の際に大切なのはどのようなことでしょうか。

　保育者は裁判官ではありません。けんかをした当事者である子どもたちのうち，どちらがよい・悪いかを裁くのが役割ではありません。

　保育者は善悪を教えることよりも子どもの痛みを理解し，支え，当事者同士の解決する力を引き出していくことが求められます。

Q 66 泣いている子どもには，どう対応すればよいですか？

A 　乳児が泣いている場合，オムツがぬれている，空腹，甘えて（抱っこをせがんで）いる，どこかが痛い，体調が悪い，眠たいなどが考えられます。いずれにせよ泣くことによりサインを出していますから，何を訴えているのかを察することが必要です。子どもと毎日接していると，食事のあとで泣くのであれば「眠たい」のサイン，空腹や睡眠も満たされているのに元気な声で泣くのであれば何かをせがんでいるサインだとわかってきます。指さしができ，一語文を話すようになると，たとえば外に連れていってほしいときは泣かずに「あっち」と言葉と体で表現してくれるようになります。このころに見られる泣く行為は，自分の思いどおりにならなかったとき，たとえば自分が遊びたかったおもちゃを人にとられたとか，あのおもちゃで自分も遊びたいのに言えないといった場合です。そのときは，大人のほうから「あの○○がほしかったのね」と声をかけ，子どもの気持ちを代弁することにより受け止めてあげると，子どもの悲しみが半減します。また，1つしかないものをほしがっている低年齢児の場合，他の遊具を手にとって「あっ，これおもしろそう」と話しかけながら，大人が真剣に遊んでみせるだけで興味・関心の矛先が変わったりします。3歳ぐらいまでは，言葉で説明し理解させようとしても，子どもは自分の主張を曲げようとはしませんし，納得もしません。子どもの泣いている原因がわかった場合は，大人のほうから「○○だったのね」と子どもの気持ちへの共感を表現してあげるとよいでしょう。4歳を過ぎたころから，次第に大人の言葉や気持ちを受け入れることができるようになるので，そのころからはひとつずつていねいに話しかけながら，子どもの気持ちに寄りそうことが大切です。子どもが泣いて訴えてきたときは，もしそれを叶えることができるのであれば，「泣かなくてもいいよ」「ちゃんとお話を聞かせて」とあせらずやさしく誘ってあげることも大切です。

　泣くという行為だけで自己主張や自己表現するのではなく，徐々に言葉を使って自分の気持ちや要望を表現ができる子どもになってもらいたいものです。

Q67　設定保育や園外保育でひとりだけ遊ぼうとしない（歩こうとしない）子どもにはどう関わればよいですか？

A　保育所の多くは朝7時から夜7時まで保育を行っています。保育所を利用している子どもの保護者の中には長距離通勤や，夜勤があったり不規則な勤務をしている人もいます。当然，子どもの生活時間もその影響を受けるため園で決まった時間に行う活動，食事，昼寝などになじめない子どももいます。また，集団でいるより，ひとりで絵本を読んだりおもちゃで遊ぶことに慣れていて，他の子どもと何かをすることに不安を感じる子どももいます。

　身体のリズムや生活習慣が集団になじみにくい子どもを，無理やり設定保育や園外保育に引き込むと，子どもはそのプログラムの本来の楽しさを味わえないばかりか，クラスの友達と何かをすることが苦痛になってしまうかもしれません。

　まず必要となるのは保育者間の連携です。登所（園）してきたときの子どものようすや保護者の話から，子どもの体調はある程度把握することができますので保育者の間で引き継ぎを行います。また，場合によっては前日の降所（園）の時間やそのときのようすなどを保育者から教えていただくとよいでしょう。

　ひとり遊びになじんでいる子どもについては，その好きな世界を否定するのではなく，「ほかにもこんなに楽しいことがあるよ」と誘ってください。

　設定保育や園外保育は，子どもの適応力を高める機会にもなりますが，そのときの体調やうまくいかなかったときの逃げ場（その子どもが一番好きなこと）があるかどうかでプログラムの印象は変わります。子どもが「楽しかった」と感じれば，次はもう少しスムーズに集団の輪の中に入れるのではないでしょうか。

　保育所の利用時間は子どもによって異なること，その背景にはそれぞれの生活があることを，子どもの立場で思い出してみてください。

Q68 遊びに入れない子どもにはどのように関われ ばよいですか？

A 　遊びの発達については心理学系科目や保育内容関連科目等で学習して いると思います。およその目安として，2歳では大人といっしょに簡単 なごっこ遊びを楽しむようになりますが，友達とは平行遊びの状態です。3歳 ごろから好きな友達といっしょに遊ぶようになり（連合遊び），簡単なルール のある遊びも友達と仲良くできるようなります。5歳ごろには組織化された遊 び（共同遊び）も可能になります。遊び方は運動機能や社会性，言葉や情緒の 発達に連動して発達し，当然子どもの年齢によって異なりますし，幼ければ幼 いほど月齢のちがいや個人差が影響します。このことを認識したうえで，ここ では子どもの発達と集団保育の意味を考えてみましょう。

　体の発育状況のちがいは経験の差を生みます。たとえば木登りができれば高 いところからのながめがどのようなものかを知ることができますし，ジャング ルジムに登るのも怖くはないでしょう。逆にこれから筋肉や骨が発達していく 段階にある子どもにとって，自分の手足を使って高い所へいくというのは未知 のことであり恐怖心があっても不思議ではありません。

　社会性や言語能力の発達は相手とコミュニケーションをとる際に大きく影響 します。また，集団で遊ぶよりひとり遊びを好む子どもや遊びの輪に入りたく ても自分からは入れない内向的な子どももいます。このように子どもの発達の 状況やもって生まれた性格・気質は一人ひとりちがいます。

　子どもが遊びに入れない理由は以上のようなことを踏まえて考えてみてくだ さい。子どもにとって年齢の近い子どもたちと触れ合う集団保育は，家庭とは 異なった経験をもつ機会です。他の子どもたちや保育者との関わりは家族とは ちがうコミュニケーションを必要としますし，自然環境や施設・遊具からの刺 激は子ども自身の経験の幅を広げていきます。豊かな人間関係や体験が，子ど もの個性をつくり出していく基礎となります。子どもの個性を知って，集団遊 び，ひとり遊びの両方の楽しさを伝えていきましょう。

人見知りする子どもにはどう接すればよいですか？

A 　生後6か月くらいから始まる人見知りは，他人によって親との一体感が奪われるのではないかという恐怖によるものです。よくいわれるように，この時期の人見知りは親とそうでない人を認識する力が発達したために起こる一時的なものです。赤ちゃんが怖がって泣くのであれば，一番馴れた人に抱かれて安心させること，泣きやんで自分のほうを見るようであれば「おいで」と手をさしのべてみましょう。赤ちゃんが一番安心できる人のところにいつでももどれるという状況で徐々に慣らしていくのが無理のない方法です。

　一方，幼児になって始まる人見知りは，相手との，あるいは集団の中での自分の位置づけが定まらないことからくる不安が原因で起こることがあります。慣れない状況でも一生懸命努めようとするので緊張しすぎてしまうのです。もう1つの原因は，他人に見られている自分を意識することからくる照れです。どちらも「しっかり」などと励ますと余計に不安が強まるので，子どもの気持ちをくむことが大切になります。

　特に保育所に入ったばかりのころは，他の子どもたちや職員に圧倒されてしまう場合があるので，子どもの気持ちを受け止めて，共感し，子どもが安心できる関係をつくっていってください。クラスに複数の保育者がいるのであれば，役割分担をすることも可能なので，その子どものペースに合わせることができるでしょう。

　人見知りは集団保育をするうえでは望ましい状況とは考えられないかもしれませんが，子どもの発達の過程においては内面の充実に期待がもてることなのです。

Q 70 子どもがけがをしてしまいました。どう対処すればよいですか？

A 　子どもにけがをさせてしまったときは，冷静に観察し，病院に行ったほうがよいのか，園内で消毒するだけですむのかを判断することが必要です。しかし，実習生の場合，ここまで冷静に判断し的確に対応することは，なかなかむずかしいのが現状ですし，実習生が単独で自己流の治療や病院への搬送をしてはいけません。まずは，一番近くにおられる保育者を呼びましょう。けがをした子どものそばを離れるべきでない場合や，むやみに子どもを動かさないほうがよい場合もありますから気を付けましょう。ちょっとした切り傷やすり傷であれば消毒だけですみますから，実習生でも手当てができるでしょうが，そのような手当てをする場合にも現場の保育者の指示を仰ぎながら行いましょう。たとえば，市販の薬を使わず，アロエなどを活用する方法をとっている園もありますし，水だけの消毒の場合もあります。勝手に処置をするのではなく，まずは保育者に知らせ，すみやかに対処法の指示を仰ぐことが肝心です。その対処の際実習生にも手伝うよう指示されたときは，もちろん積極的に手伝いますが，保育者にお任せしたほうがよい場合，たとえば病院に連れて行く場合などは，けがをした子どもが心配なのはわかりますが，保育者がすみやかに動けるよう気を配ることが大切です。

　子どもにけがをさせてしまったあとの対応において特に大切なことは，保護者との信頼関係をそこなわないようにすることです。そのためには，事実を正確に伝えなければなりませんから，けがをしたときの状況などをできるだけ具体的に，また客観的に説明できるよう，落ち着いて整理しておきましょう。保育所としては，けがをした子どもやその保護者の気持ちを受け止め，できる限りの方法で対応したことを保護者にわかってもらうことが大切です。

子どもたちから電話番号や住所を聞かれました。どうすればよいですか？

A　「先生のおうちはねー，山の上の丘の上番地」ぐらいでよいと思います。「電話はないの？」と尋ねられたら，「○○ちゃんちはあるの，いいねー，何番？」というと，子どもは真剣になって答えるでしょう。実習生の電話番号や住所を覚えて，電話をかけたり，手紙を出したり，訪ねていくことまでは考えていないと思います。自分の住所や電話番号を覚えたので自慢したくて，また，人から聞かれたら誇らしげに答えたくて，聞いているものと考えてよいでしょう。住所などは，適当にもっともらしく，ユーモアをまじえていうと，子どもはおもしろがって次の話題へ移っていくものです。保育者から，「○○ちゃんの電話番号は？」「○○ちゃんは？」「○○ちゃんは？」と，次々に友達の電話番号を聞きながら，「自分のおうちの電話番号や住所は，だれにでも教えたらダメよ。知らない人がすぐかけてくるからね。おうちへの帰り方がわからないときに電話をかけてもらうときとか，おばあちゃん，おじいちゃん，友達の知ってるお母さんにしか教えてはいけないの。秘密，秘密」といって，シーッと口に人さし指をもっていってもよいですね。子どもは，きっと「そうかー」と思い，口に出していた番号を心の内にしまいこむでしょう。年長にもなると，自分の身のまわりの生活のしかたを覚えることは，誇りでもあり，自慢でもあります。

　以前，父子家庭で，子ども2人だけを何日も家において，仕事に出かける家庭に出会ったことがありますが，そのときは，「何かあったらわたしに電話してね」と，名刺大のメモ用紙に住所と電話番号を書いて，持たせていたことがあります。そして，半年後のある日，夜の1時すぎに電話がかかってきたときにはびっくりしました。すぐに子どもの家にいってみると，水道も止められ，衣類は家中に散らばり，おしっこで濡れた布団に，何日も子どもだけで寝ているという生活でした。そのような，子どもへの配慮を考えて電話番号を教えることは，例外だと思いますが……。

Q 72 障がいのある子どもへの保育はどのようにすればよいですか？

A　保育所には，様々な程度や内容の「障がい」を有する子どもたちも通ってきます。その中には，「重症心身障害児」とよばれる，とても重い障がいをもった子どもたちも含まれます。逆に，子ども集団の中では，ほとんど他児との見分けがつかないような場合も少なくありません。

　保育実習においては，「障がい児保育」などの授業で学んできた一般論を踏まえながらも，あなたが担当するクラスに所属するAちゃん・Bちゃんのことを第一に理解して，個別に関わることが大きなテーマになります。

1．一人ひとりのことを理解し，受け止める

　実習の配属が決まり，その中に「障がいのある子ども」が含まれていることを知ったら，実習先の保育者からその子の話を具体的に聞くことが一番です。保育所保育士は，障がい児の狭義の専門職ではありませんが，自園で障がい児を引き受けるに当たっては，保護者やその子を支援する様々な専門家（たとえば主治医・臨床心理士・療育機関の専門職員・保健師など）から，その子に関する様々なことを学んでおり，それらを日々の保育の中で咀嚼しています。ですから，個々の子どもの具体的な内容や園での関わり方については，保育者から学ぶのが一番です。同じ診断名をもつ子どもであっても，一人ひとりの様子はかなり異なります。しかしもう一方で，たとえば「自閉症の子どもの発達特性」というように，その障がい固有の育ちの特徴があります。それらを保育者からその都度具体的に学びます。障がい名がわかれば，障がいごとのわかりやすい解説本を携行することも，子ども理解のための大きな助けになります。

2．勇気をもって関わってみよう

　保育実習において，配属されたクラスに障がい児がいることを知らされたとき，どのように関わればいいのか戸惑ったり，不安をもつことも少なくないでしょう。しかし，その子も毎日保育所に通うひとりの幼児です。クラスの一員として受け止めながら，勇気をもって，まず「おはよう」と語りかけてみましょう。またある遊び場面では，その場の玩具や絵本などを「どうぞ」と差し出

して提供してみましょう。はじめは何も反応を示さないかも知れませんが，その時・その場でのその子のようすを受け止め，あなたの心の中に留めておきましょう。そして，そのような関わりを反復してみましょう。きっと何らかの変化や，「活動の兆し」のようなものを，保育室で暮らすその子の中から感じ取り，受け止めることができるはずです。時には，周りの子どもたちが「Aちゃん，＊＊＊好きだよ」と教えてくれるかも知れません。クラスメイトを通して，クラスメイトと共に関わってみることもいい方法です。あなたが，Aちゃんを含む保育という「子どもの生活世界」の中に参与できることが大切です。

3．保育所生活におけるリズム・テンポ・日課・活動の手順などを知る

それぞれの「障がい児」には，保育所生活におけるその子特有の「リズム・テンポ・日課・活動の手順」などがあります。そして，それらが園の日課と共存でき，調和を保つとき，その子の「心の安定感」が確保されます。そのような流れを，実習全体からつかみ取り（感じ取り），その子の「心の安定感」をできるだけ維持・確保できるように心がけて関わってみましょう。さりげない保育者の保育活動の全体が，その子の「心の安定感」をどんなふうに支えているのかについても，観察しながら把握するように心がけてみましょう。

4．集団参加と個別支援

障がい児保育では，クラス全体を導く保育者と，個々の障がい児に寄り添ってサポートする加配保育士が，複数で担当する場合が少なくありません。保育者は，その子のことを心に留めながら，クラス全体の活動が豊かになるよう導きます。それに対して加配保育士は，その子が，その子のペースでそれぞれの場面に参与できるように寄り添い，時に介助したり，1対1の関わりが深まるようにします。集団参加と個別支援が，障がい児保育における両輪になります。保護者支援も大きなテーマになります。それぞれに専門知識と技量が必要なのですが，実習生であるあなたは，それぞれの保育者から学びましょう。できればそれぞれの保育者の立場に身を置いて動いてみましょう。そして，わからないことや疑問点は，何でも質問しましょう。実習中のこのような反復を通して，障がい児保育の実際を保育現場から学んでください。

Q 73 小学校との円滑な接続への配慮について教えてください。

A 　全国の小学校から，「授業中うろうろする」，「集団行動がとることができず，学校生活になじむことができない」などという「小一プロブレム」という現状が報告されるようになりました。これは社会的な問題として扱われ，その原因として，家庭でのしつけ，就学前の保育に問題があるのではと懸念する声もあります。これまで保育所と小学校の連携をより強化するなど，子どもたちの小学校への円滑な接続・移行のための取り組みは進められてきています。また2010（平成22）年11月にも文部科学省より「幼児期の教育と小学校教育の円滑な接続の在り方」に関する調査研究も報告されており，その後も幼稚園・保育所において取り組むアプローチカリキュラムや，小学校において取り組むスタートカリキュラムなどを作成する市町村もでてきました。実際になめらかな接続にむけてどのような取り組みが実施されているのでしょうか。代表的な取り組みを以下に取り上げています。

　①日常の保育の中で，子ども同士の交流活動

　②運動会や文化祭など行事を通した交流活動

　③上記の活動前後に行われる小学校教諭との話し合い

　④保育者による授業参観，小学校教諭による保育参観

　⑤子どもの様子に関する情報交換

　⑥入学時における受け入れ体制の構築

などがあげられます。しかし小学校へのなめらかな接続にむけての連携は，保育者及び小学校教諭間での研修や，研究により強化し推進されるものです。つまり，交流活動のみならず，並行して研修・研究も充実させる必要があるということ。そして保育所から小学校の学習や生活になめらかに接続できるよう工夫された接続期のカリキュラムを行政が主導で作成し，保育所や小学校での取り組みをいち早く進める必要があるでしょう。結果として保育所の子どもたちが，小学校にむけて「学びに向かう力」を身に付けることの大切さを保育者が理解・実践することがなめらかな接続につながるとも考えられます。

Q 74 外国人の保護者への対応について教えてください。

A 　1990（平成2）年の「出入国管理及び難民認定法」の改正により，南米の日系人が工場労働者として日本で働くようになりました。日本側は不足する労働力を日系人で補い，日系人は日本でしっかり働いて稼ぎ，その稼いだお金を母国に持ち帰るいわゆる「出稼ぎ」という双方の意識に基づいていました。当初は単身で渡日し，数年で帰国する予定でいたのが，滞在の長期化，家族の呼び寄せ，また日本で結婚し子どもが生まれるという流れの中で，子どもの保育や教育に関する今までにない課題が浮き彫りとなってきました。外国人の保護者の悩みは多様であり，言葉の壁，制度・文化の壁，心の壁にぶち当たるといわれています。

・言葉の壁：日本語がわからず連絡帳やプリント，日常生活で使用しない独特の日本語（避難訓練，面談・懇談，ぞうきん，うわぐつ）が理解できない。

・制度・文化の壁：母子保健や保育・教育制度の違い（予防接種，運動会，入園式など），子育て文化や宗教等の違い（薄着・厚着，男女の配慮，食事での禁忌など）。

・心の壁：他の保護者から情報を得られないことによる孤立と不安，自分だけ差別されているのではないかという不信感による不安，母語・母文化を子どもに否定されるという「違い」を排除する社会からの不安。

　上記のように外国人保護者がぶちあたる壁は，私たちが当たり前に日常生活をおくっている限り認識が難しいものが多いことがわかります。外国人の子どもが，日本の社会の中で生き生きと育ち生活するためには，外国人保護者が安心し，豊かな人間関係の中で子どもたちを育てることができる人的・物的環境の整備が急務です。まずは保育現場にすべて託されている支援を市町村，国レベルで多文化保育に関する支援体制を整え，彼らの現状を理解・整理，多言語での情報提供の徹底と他の保護者・保育者，地域の人材によるサポートが必要です。私の常識は世界の非常識かもと一旦自分のものさしを使わず考えることで救われる保護者がいるかもしれません。

Q 75 どうすれば実習園の保育者とよい関係がつくれますか？

A 　養成校からの依頼を受けて実習生を受け入れる園や施設は，日常の諸業務だけでも多忙なところへ，さらに実習生を指導するという負担を負うことになります。したがって実習生は，「次代の保育者を育てよう」という養成校や先輩保育者の方々の善意とその意向を十分に理解して，それに応えるよう努力しなければなりません。また，実習は人と人とのつながりから成り立っていることから，実習生はその中での自分の立場をよく自覚して行動する必要があります。

　実習園の保育者とよい関係をつくるために，以下の事に注意してください。

1．謙虚さと情熱

　実習生は自ら学ぶと同時に指導される立場ですから，保育者に謙虚な態度で接することは基本です。実習中わからないことや疑問は自分で判断せず保育者に指示を仰ぎましょう。現実には自分で判断しなくてはならない場面も多いですが，事を進めるときはできるだけ保育者に聞いて意思の疎通と確認を怠らないようにしましょう。謙虚で素直な実習生に対しては保育者も胸襟を開き，より多く指導していただけるはずです。それに加えて子どもや保育への情熱をアピールしていくことも大切です。なぜならこうしたひたむきさがなければ，謙虚で素直な態度も消極性として評価されることがあるからです。

2．明るい笑顔と元気な挨拶

　明るい笑顔と元気な挨拶のできる人にはだれもが惹かれます。これらは保育者との関係をよくするためだけでなく，子どもにこのうえない安心感と癒しを与えるものですから，保育者の資質としてもきわめて重要です。緊張や不安もあるとは思いますが，できるだけ明るさを前面に出すようにしましょう。

3．雑用をいとわない心がまえ

　園や施設の仕事は子どもと関わることだけではありません。子どもと生活していく場ですから，そこには様々な雑用が存在します。雑用を積極的に引き受けることでより現場を知り，保育者との関係も深めることができます。

Q 76　実習園の保育者や送り迎えのときの保護者には　どのような挨拶をすればよいですか？

A　人との関わりのきっかけは挨拶です。好ましい最初の挨拶は，その人の第一印象を高め，その後の人間関係を円滑にします。実習生は子どもにはもちろん，その他のだれに対しても明るく元気な声で挨拶をするようにしましょう。

　ところが最近，挨拶のできない若者がふえているといいます。残念ながら，保育系学生においても同様です。にもかかわらず，普段は挨拶を怠りがちな学生の中には，「実習に行きさえすれば自分はちゃんと挨拶ぐらいできる」と思っている者が少なくありません。しかし，自分ではできると思っていても，いざその場になると意外とむずかしいものです。どうしてもぎこちなくなったり，暗くうつむき加減であったり，声も小さくなりがちだったりします。簡単そうで実はそうでないのが挨拶です。したがって，日常生活の中で正しい挨拶を行うことを習慣にしておくのが望ましいといえます。

　挨拶のときの言葉づかいですが，これは自分の立場をよく自覚する必要があります。若い学生同士がするような挨拶では，たとえそれが明るく元気なものであっても，他の保育者や保護者に対してよい印象を与えません。

１．登園時

　１日の始まりは元気よく「おはようございます」と挨拶するのが最低限の礼儀です。元気よく挨拶することで１日を快適に過ごすことができます。

２．挨拶のタイミング

　挨拶のタイミングをはずすと失礼になることがあります。たとえば，目が合っているときに挨拶せず，視線が離れたときや，背中を向けた時に挨拶するのは失礼です。必ず目が合っているときに挨拶するよう心がけましょう。

３．降園時

　他の保育者より早く帰る場合は「お先に失礼します」と挨拶して帰るようにします。

Q 77 保育者から質問を聞かれても，何も浮かんできません。どうすればよいですか？

A 　保育所実習の事前打ち合わせや保育所実習期間中などのときに，実習生は「何か質問はありませんか？」と聞かれることが予想されます。このような場合，保育者は質問がたくさん出てくることを期待しているわけではない場合が多いと思います。何かわからないことがあれば質問をすればよいのであって，無理に質問を考える必要はありません。わからないことや疑問がなければ「今のところは，特に質問はありません」などと返事をすればよいと思います。しかし，現実的には保育所や園児に対する情報が少ないままに保育者として短期間での実習を行っているのですから，わからないことはたくさんあるはずです。ただ，"何がわからないのかがわからない"，また，"何を知っていなければならないのかがわからない"ことだと思われます。

　事前の打ち合わせや実習期間中には，わからないこと，または決めなければならないことなどがたくさんあります。頭の中が混乱した状態ではよい実習はできませんので，前もって何を知っていなければならないのか，自分自身の行動をシミュレーションしてみて，事前にメモしておくことも必要です。その結果，説明してもらえなかったことを質問すればよいのです。実習期間中であれば，わからないことがおのずとでてくるものだと思います。そのひとつずつを質問したいものですが，質問が多すぎるのも保育者の保育の実施に支障をきたしたり，保育者の業務に負担をかけすぎたりする場合もあることから，簡潔に質問をするとか，タイミングをはかって質問するなどの方法を考えてください。質問する内容が適格に浮かばないときは，前述のとおり無理に質問をする必要はありませんが，「今のような，実習の流れでよいのでしょうか？」「保育所実習を進めるうえで，特に何か気を付けるようなことはありませんか？」などというような，本来の保育を妨げることなく保育所実習を進めるための助言をいただけるような質問をするのもひとつの方法だと思います。

Q 78 保育者にうまくなじむことができません。どうすればよいですか？

A 　保育所に実習にいって，いきなり園になじむことは，なかなかむずかしいことだと思います。保育所に就職してからでも，他の保育者とうまくなじむことは容易なことではないと思います。時には，保育者同士で人間関係がうまくいかず，問題を抱えることにより園児に影響を及ぼすことさえあります。保育者同士でよい人間関係を築くことは，保育所にとってとても大切なことなのです。そのためには，年齢・保育理念・保育者の背景などのちがいがあることを理解し，人間関係がうまくとれるように，まず自分が相手の立場，考え方などを認めたうえで個々人が行動することが大切になります。時には，特定の保育者と仲がよくなりすぎることによって，その他の保育者との関係がぎくしゃくすることもあります。これらは，保育者同士の問題でもありますが，実習生も含めて，将来の保育者像としてぜひ学んでもらいたいことのひとつです。

　保育所によっては，人間関係に問題を抱えているがゆえに，実習生が保育者とうまくなじむことがむずかしいこともあります。また，保育者が実習生に対して，短期間に仲良くなれない性格であったり，実習生自身の性格によりなじめなかったり，保育者と実習生との相性によりお互いがなじめなかったりすることも予想されます。また，保育方法によって園になじめないようなケースも予想されます。これらのほかにも，いろいろな状況により実習生と保育者とがうまくなじめないことが予想されます。このことにより，実習生としては悩むことになるかもしれません。

　短期間の実習で，実習生が実習先の保育所や保育者とうまくなじむことができないことは不思議なことではありません。うまくなじむことができない場合でも，保育実習生として，実習生自身が保育者とうまくなじもうとする努力を行うと同時に，実習生としての行動を自分自身が信じるままに精一杯の努力の中で，淡々と進めることが必要だと思われます。その結果として，保育所や保育者とうまくなじむことができていけば幸いです。

Q 79　保護者と話すときの注意点を教えてください。

A　実習生は，身分は学生ですが実習期間中は保育者集団の一員としての自覚をもって行動しなくてはいけません。実習生は，年長の保護者に対して敬意を払うと同時に，保育者としての品位のある態度と言葉づかいで保護者に接することが大切です。送迎時の挨拶もまめに行うようにしましょう。

　実習生の中には，自分が直接関わりのある保育者や職員に対しては積極的に話しかけたり笑顔で挨拶したりしますが，保護者や来園者には会釈さえしない人がいます。挨拶や話しかけによって，保護者の方にも実習生の保育への意欲や取り組み姿勢は伝わるものです。保護者との関わりがうまくいかないと，実習生が低く評価されるだけでなく，保護者の園に対する信頼までが失われることがあるのです。実習生と保護者であっても，感じのよい挨拶や話しかけがきっかけとなって，保育や子どもについての話は自然とできるようになるはずです。それは実習園にとっても喜ばしいことなのです。

　しかしながら，保護者との良好な関係をつくろうと努力するのはよいことですが，よけいなおしゃべりまでする必要はありません。社会人としての常識的な応対を心がけましょう。もし，実習園内のデリケートな諸事について聞かれたときでも，できるだけ慎重に受け流し，実習生として業務上知り得た諸事項についての守秘義務を厳格に守るようにしてください。何が守秘事項に属するかは園によってもちがいがありますので，オリエンテーション等でよく確認しておくことが大切です。そしていかなる場合でも，他の子どもの個人的な情報は，聞かれても保護者には絶対に漏らしてはいけません。同様に他の保育者のプライバシーに関する会話やその批評も慎みましょう。また，保護者は実習生よりその保育所との関わりが長いため，時にはいろいろな園内のうわさ話をふられることもあります。こうした話題も後のトラブルの原因となることがあるので，実習生は避けたほうが賢明といえます。

子育て支援について教えてください。

A 　子育て支援とは，子どもの健やかな成長のために，幼児教育・保育の専門性をもった保育者が，保護者に対して行う支援のことです。2001（平成13）年の児童福祉法一部改正では，保育士の業務として「保護者に対する保育に関する指導」が明記されました。また，保育所保育指針第4章「子育て支援」には，保育所における子育て支援について，「子どもの育ちを家庭と連携して支援していくとともに，保護者及び地域が有する子育てを自ら実践する力の向上に資するよう」と記載されています。実際に，保護者にとって最も身近な専門職である保育者は，保護者に寄り添って，子育て支援に関する相談や援助，情報の提供，親子の登所（園）受け入れ，保護者同士の交流の機会の提供などを行っています。

　この背景に，少子化，核家族化，都市化による伝統的な地域社会の崩壊の問題があることが指摘されています。たとえば，地域に相談する相手がいない保護者は，子育てに関して悩みを抱え込み，保育者に支援を求めることがあります。保護者から支援を求められた保育者は，保護者の思いをしっかり傾聴し，保護者の気持ちに共感し，保育の専門性を生かして応答していきます。場合によって実習生は，保育者が家庭での様子を保護者からよく聞いたあと，子育ての喜びを感じられるような子どもの楽しそうな出来事を保護者に説明する様子を観察することもあるでしょう。また，連絡帳を通して子育て支援を推察したり，子育て支援の実際を保育者から聞かせていただくことができるでしょう。

　保育者は，集団生活の中で子どもの気になるところを発見することが多く，時には保育者が保護者に助言をしたい場合があります。いかに保育者が保護者に寄り添い，しっかりと子どもの健やかな成長のための課題を伝え，保護者に気付きを促しているかなどを，実習中に考察することもできるでしょう。

　以上，実習生の皆さんは，子どもを取り巻く環境の変化に対応して，保育者がどのような子育て支援をし，どのような社会的役割を担っているかを，観察し考察することから学んでください。

Q81　実習期間中，園外で保護者や子どもと出会いました。どう対応すればよいですか？

A　　思いがけず，園外で園児や園児の保護者と出会うことがあります。また，地域の中の保育所であり，その地域の中に入れば様々な場所で園児や園児の保護者に出会う機会も多くなると思われます。しかし，園児や保護者も実習生全員を覚えているわけではなく，実習生も園児全員を覚えているわけではありません。特に，園外ではお互いに会っても，お互いが確信をもって園児や保護者を確認できないケースも多いと思われます。そのような状況の中では，園児や保護者のようすを見ながらの行動になります。当然のことですが，実習園の園児であれば「おはようございます」「こんにちは」「こんばんは」などの挨拶が必要になります。園児には「元気ですか？」「髪を切りにきたの？」「買い物ですか？」などと一言付け加えるとよいと思います。園児は実習生とわかって親しく挨拶をしてくれたりしますが，保護者が実習生とは気付かないケースも多いと思われます。保護者にそのようなようすが見られたときは，保護者に対して「○○保育所で保育所実習をさせていただいています。○○学校の○○と申します。お世話になっております」程度の簡単な自己紹介も必要になると思います。

　園児によっては「先生，前の公園でいっしょに遊ぼう」などと親しみをもって誘ったり，保護者によってはお茶に誘ったりされることもあるかもしれませんが，実習生としては挨拶をする程度の対応が望ましく，それ以上の関わりは避けるべきだと思います。それでも，たとえば美容室に髪を切りにいったときなど，たまたま席が隣同士になり，保護者が園やわが子のようすを質問されることがあるかもしれません。そのような場合は，無難に対応することが必要です。園や職員などに対して否定的または否定的だと思われるような言動は，細心の注意の中で慎まなければなりません。

　また，実習期間中に実習園の地域に入るときは，実習園の園児や保護者に会うことを想定して，実習園に関わるひとりとして，実習園のイメージを崩さないような身だしなみや行動を心がけるべきです。

第3章の確認のポイント─────────────

□実習が充実しているかどうかの羅針盤となる実習テーマには，実習生が子どもとの関わりを通して，「知りたいこと」「学びたいこと」を端的に表現しましょう。

□実習記録は，
　・実習園の状況や子どもの実態
　・その日の子どもたちの活動，それに対する保育者の援助
　・実習生として感じたり，学んだりしたこと　を記録するものです。
　項目ごとに簡潔にまとめ，読みやすく理解しやすいように記述します。

□指導案は実習園の指導計画の一部を展開するものです。指導案は，子どもの現状を理解し，保育の流れにそった，子どもたちが主体的に活動できる楽しい計画でなければなりません。

□乳児にとって授乳や沐浴は，大切な生活習慣です。この時，実習生は，乳児に直接ふれて，視線を交わし，言葉をかけ，いとおしむ心を伝えましょう。

□食事の時，実習生は一人ひとりの子どもをよく観察し，言葉かけを多くして援助してください。

□子どもの発達と個性，集団遊びとひとり遊びの意味を確認しましょう。

□子どもがけがをした場合，まずは一番近くにおられる保育者に報告し，すみやかに対処法の指示を仰ぐことが肝心です。

□実習先の保育者とよい関係をつくるため，実習生は，謙虚さと情熱を持ち，明るい笑顔で元気な挨拶をし，雑用をいとわない心がまえで，実習に挑みましょう。

□子どもを取り巻く環境の変化に対応して，保育者がどのような子育て支援をし，どのような社会的役割を担っているかを学びましょう。

第 4 章

実習が終わったら

Q82〜89

実習によって，「保育者の卵」は大きく育つ

　保育者養成校の教職員が集う会議で，異口同音に語られることがあります。それは，「保育実習を終えた段階で，学生達は（専門職になっていくことに向けて）大きく成長した」ということです。この印象は，専門学校でも，短大でも，4年制大学でも変わりありません。保育所実習を終えた今，あなたはどのように変わったでしょうか。実感できる部分も，実感できない部分もあるかもしれません。あるいは，4年生になって行った二度目の保育所実習を終えた後では，自分の就職（将来ビジョン）と強く関わった印象を深めたかもしれません。入学以降の「保育の学び」の軌跡を振り返りながら，今の自分の成長や実践現場でのこと，さらにそこで出会った子どもたちのことなどに心を巡らせながら，一度じっくりと振り返り，自分の心に刻み直してみましょう。そのことが，あなたの「保育者としての第一歩」となります。

 ## 実習終了後に行ってほしいこと

　実習終了後に行わなければならない事柄は，この後のQ&Aに書かれていますから，よく読んで理解してください。実習終了後の具体的な流れについても理解しておきましょう。

　その上で，更に実習終了後に行ってほしいことを少し述べます。

1．評価結果を受け止め直す

　まず，実習先から返ってくる評価結果についてです。多くの養成校では，評価結果を閲覧することができると思います。そして，そこに書かれている評価結果は，厳しいものもあれば，緩やかで優しいものもあるでしょう。時には不本意な内容が書かれているかもしれません。しかし，その結果だけで一喜一憂しないでください。評価内容を，養成校担当教員といっしょに振り返ってみることも有益でしょう。ただ，そこでの評価内容の中には，あなたについての「強み」と「弱み」が書かれていると思います。このことを受け止め直すことが大切です。評価結果を振り返ることで，「あなたらしさ」や「あなたの強み」を受け止め直し，そのことを改めて振り返り，大切にしていくことで，いい保育者になっていくことができると思います。

2．実習でのエピソードが語れること

　多くの養成校では，実習終了後に「実習報告会」が開かれると思います。その中で，あなたが実習中に体験した，心に残るエピソードを一つ抽出し，その状況や場面が生き生きと読み手に伝わるような文章でまとめ，その内容を報告会でリアルに語れるようになれば素敵です。それは，「保育者の卵」であるあなたが，ある保育場面に関与し，そのとき・そこで出会った子どもたちなどとの関わりを通して，あなたの心が揺さぶられたような，そんな場面・状況・経過です。そして，それらを通してあなたの心の中に残ったことを，事実経過を再構成するように書き綴り，あるいは語るなかで，そこでのことの大切さや尊さなどを，あなたの心に焼き付け直す作業です。先ほど述べた「保育者としての第一歩」は，このような作業からきっと始まるでしょう。

3．キャリア形成につなげよう

　実習が，卒業後のキャリア形成につながっていくことは少なくありません。あなたは，まもなく社会に巣立っていきますから，実習を通してあなたの卒業後の進路をぜひ考えてみましょう。一口に保育者と言っても，施設保育士を含めて様々な職場がありますから，保育所実習だけでなく，施設実習や幼稚園教育実習でのことともあわせながら，あなたの夢と希望が実現する進路を選んでいきましょう。実習先が就職先のターゲットになることももちろんあります。

❸　実力ある，専門職としての保育者になっていくために

　実習によって，自らの専門知識の不足を感じなおすこともよくあることです。実習を通して「無知の知」に気付いたあなたは，今こそ学び直してみましょう。この段階で身に付けた専門知識は，一生を通したあなたの財産になります。

　学問知識だけでなく，実際の子どもから学び，一人ひとり異なるそれぞれの子どもや親子を理解し，支援できる保育者をめざしてください。保育者も「対人援助専門職」のひとつです。そして，ずっと「学び続けることができる保育者」をめざしてほしいと思います。

　実習を終えた今，子どものプロへの道はスタートが切られました。実力ある保育専門職への道を，ぜひ志してください。

Q 82 保育実習の成績はどのように評価されますか？

A 　保育実習の成績評価は，各養成校によって評価方法が設定されています。評価方法や失格条件がシラバスに明記されているでしょう。実習の実施要項や実習計画などのガイダンス資料にも実習評価の項目が設けられ，どのように実習成績が決定するか明示されているでしょう。もし，見当たらなければ，また説明がなければ遠慮なく養成校の教員に質問してください。

　評価方法例を紹介します。保育所での実習（必修と選択）の2単位分いずれも，①実習受け入れ保育所（実習園）側の評価　に②養成校側の評価　を組み込み，①が○%，②が△%（たとえば60%と40%）と設定し，合計100%の総合評価を実施しているケースが多いです。

　実習園による実習評価は，各養成校で独自に作成した実習評価票に基づき実習園に評価を依頼しています。実習評価票については，全国統一のものがあるわけではありません。実習評価票の例を巻末付録に2種類紹介します。評価票例2は，全国保育士養成協議会（2018）の「保育実習I（保育所等）評価票（例）」を参考に作成した評価票様式です。

　養成校側の評価としては，各養成校で具体的な評価事項が設定されています。主な評価事項として，以下のような内容があげられます。

　　○保育所実習への意欲・態度
　　○子どもの理解・子どもとの関わり
　　○実習課題に対する到達度
　　○実習記録と実習に必要な提出物
　　○実習生による自己評価（ふりかえり）
　　○実習報告書　など
設定された複数の評価事項による総合的な実習評価が行われます。

　そして実習生に求められることは，実習評価を受け取った後の活用です。実習評価を真摯に受け止め，実習内容を再確認し，改めて今後の課題や目標を明確にすることが大切です。

Q83 実習事後指導の内容は？

A 実習が終わり「ホッ」とするのもつかの間，養成校ではこの実習での様々な体験を，今後保育者となるために必要な学習課題として実習事後指導を行います。実習の事前指導から実習，そして事後指導と一連の過程を経てようやく実習は終了したといえます。いわば実習の総点検と振り返りとでもいえるでしょう。それぞれの養成校により多少のちがいがあるでしょうが，実習事後指導の概要をあげます。

実習事後指導は，まず養成校もしくは養成校担当教員に実習終了の旨を伝え，お世話になった実習園にお礼状を書くことから始まり，実習体験を実習レポートにまとめたり，ゼミでの発表などが中心になります。その内容は，実習園の理念や組織ならびに子育て支援などの付帯事業についてその概略をまとめます。ついで実習目標が適切であったのか，また達成することができたのかを自己評価してみましょう。また，特に印象に残った出来事をありのままに取り上げ，今後どのようにその体験を生かすかを考えてみます。

最後に，どのように書けばいいのか要領がつかめず，睡眠時間を削りながら完成させた日々の記録を読み返します。そこには，実習指導の保育者が書き込んだ注意点や指導内容がびっしりと詰まっており，保育者となるために必要な視点が示されています。この実習記録を頼りに，実習中できなかったことを見直し，事前の準備や学習で「こうすればよかった」，「これは学んでおくべきだ」ということを整理してください。そこから保育者として学ぶべき新たな学習課題が見いだされます。

このように実習事後指導は，貴重な実習体験を風化させることなく，自ら振り返りをすることで今後に生かそうとするもので，実習の意義をあらためて問い直す時間となります。また，実習生がそれぞれの立場でお互いの実習体験を話し合うことで，わからなかったことや困ったことが解決へと導かれることもあります。

Q84　お礼状はどうすればよいのですか？

A　実習は，あなただけの経験ではありません。子どもにとっても貴重な経験ですし，担当してくださった保育者や園にとっても一期一会の経験となります。お世話になった園長先生や保育者，子どもに感謝の気持ちを込めて，ぜひお礼状を出してください。時期は，実習終了後，すなわち実習記録を受け取りにいった後，1～2週間くらいをめどに出すのがよいでしょう。

お礼状を書くにあたっては，縦書き用の便箋，白い封筒を準備しましょう。縦書き用便箋がなかったからといい，横書き用便箋を縦書きにして使用することのないよう注意してください。お礼状の内容は，Q84-図1を参考にしてください。おもな留意点は次の通りです。①自分の言葉で書く（実習中のエピソードや感想を入れる）。②誤字・脱字に気を付け，直筆でていねいに書く。③頭語と結語には，季節に合わせた時候の挨拶を書く。④封書を使用し，宛名は園長名と直接指導してくださった保育者の連名とし，差出人は養成校名と実習生名を書く（差出人の住所は養成校の住所にする）。切手を忘れずに貼りましょう。

なお，実習記録の提出で，実習が終わる場合もあります。たとえば，実習記録を提出するために訪問した後，養成校宛てに評価表などとともに実習記録が郵送で返ってくる場合です。この場合は実習記録提出の後にお礼状を書きます。お礼状の内容も，実習の区切りという点を強調した文面にするとよいでしょう。

お礼状を書くことは，メールよりも手間ひまがかかりますが，その分，お礼状を受け取る保育者には，「お礼状に実習生からの感謝の気持ちが感じられる」と喜んでもらえます。お礼状は，実習でお世話になった保育者へ感謝の気持ちを伝える最高の機会と捉えましょう。

拝啓

山々の紅葉も色づき、秋の深まりが感じられる季節となりました。

○○保育園の園長先生並びに保育士の先生方、お変わりなくお過ごしでしょうか。

実習期間中は、大変お世話になりました。

先生方には、お忙しい中、いろいろご指導いただき、本当に感謝いたしております。

実習では本当に様々な事を学ぶことができました。幼少の頃から保育者にあこがれ、学校で色々な知識を身につけてきたつもりでいました。しかし実際に保育の現場に出ますと、学校で学んだ事とは異なることも多く、戸惑うことがたくさんありました。

子どもたちと楽しいゲームをしたいと思い、椅子取りゲームを準備させていただきましたが、「音楽がとまったら座りましょう」と伝えても、なかなか椅子に座ってくれないなど、ルールを知らせることがこれほど難しいとは思いませんでした。このことを担当の先生に相談しましたところ、学校で学んだ知識だけにとらわれず、子どもと同じ目線に立って物事を考え、個々に合わせた対応をすることが大切」だと教えていただきました。

今後は、先生方のように子ども一人一人に合わせた保育のできる保育士を目指して、日々努力していきたいとおもいます。

最後になりましたが、これから徐々に寒くなっていきます。くれぐれもお体にはお気をつけください。本当にありがとうございました。

敬具

令和○○年○月○日

○○短期大学　○○○○○

Q84-図1　お礼状の例

Q 85　実習記録はどのように扱えばよいですか？

A　実習の最終日終了後，まず実習生がすべきことは，実習記録を完成させることです。最終日の記録を書き，実習の反省・自己評価欄などがある場合はそれも埋めます（実習園の概要や子どもの状況などの欄がある場合は，実習終了時までに実習指導の保育者などに確認して記入しておきます）。

　次は，完成した記録を実習園に提出して見てもらうことです。提出にあたっては，指導しやすいように順番を入れ替えたり，インデックスをつけたりしてわかりやすくするとよいでしょう。提出する日時は，実習の最終日に尋ねておくか，実習記録完成後に電話などで連絡をして決めます。場合によっては郵送の形をとるケースもあるかもしれません。その場合は，実習記録が入る返信用封筒やレターパックも持参しましょう。提出の方法は実習園と調整してください。

　提出した実習記録を受け取る場合も，その受け取り方について実習園との調整が必要です。受け取りにいく場合は，電話などで連絡してその日時を決めます。この電話をかける際には，園が忙しくない時間を選び，お世話になったお礼を述べるとともに，園のご都合に合わせて訪問するようにしましょう。場合によっては郵送で返していただく形になるかもしれません。この場合は，養成校宛てか，自宅宛てかなど，養成校の指示を受けてください。

　実習記録は，実習園にとっては養成校を関係機関に見たてた場合のある種の公文書であり，実習生を保護者に見たてた場合のお便り帳であり，また実習生を仕事の後輩に見たてた場合のメッセージでもあります。一方，実習生にとっては自分の活動の記録であり，今後の指針であり，成長の証でもあります。あなたが保育者になり，何年か後，今度は実習生を受けもつようになるかもしれません。そのときのことも視野に入れて，実習記録は大切に保管しましょう。

Q 86 実習でお世話になった園とはどのように関わっていけばよいですか？

A 　まず，あなたの気持ちを整理してください。もっと保育を学びたいという気持ちでしょうか，子どもたちといっしょに過ごしたいという気持ちでしょうか，それとも，その園に就職したいという気持ちでしょうか？　気持ちの整理をすすめるのは，実習が終わったからには，あなたと園との関係は，実習生と実習園という関係ではなく，あなた個人と当該保育所との関係になるからです。迷惑はかけないという最低限のマナーを守ったうえで関わってください。

　気持ちの整理がついたら，機会をみて園に連絡を取り，ボランティアとして行事などへのお手伝いをさせてもらえないかどうかを聞いてみましょう。ボランティアの受け入れは多くの保育所が行っているので，仕事の内容によるちがいはあるかもしれませんが，受け入れてもらえることが多いでしょう。与えられた仕事は誠実に遂行してください。

　場合によっては，ボランティアの立場であっても責任ある仕事を求められるかもしれません。その場合もできるかぎり積極的に応じてください。仕事を求められるのは期待されているからです。

　ボランティア等の活動を続けていると，現職の保育者や子どもたち，場合によっては保護者からも多くのことを学び取ることができるでしょう。実習ではできなかった経験や，得られなかった情報を得ることは，近い将来の進路選択，長い目で見たときの保育者観や職業観などに参考になるはずです。

　実際にボランティアに臨むにあたっての服装や準備物などについては，実習時と同じ服装や準備物でよいのかなどを含めて，連絡を取ったときに確認しておきましょう。

返却された実習記録はどう活用できますか？

A 　保育者になるための実習体験を通して知り得たことが，この実習記録に集約されています。楽しかったことだけではなく，つらかったことや後悔していることなど，実習中何度もあったのではないでしょうか。実習記録は，もう二度と見たくないと思う人もいるでしょうが，保育者をめざすのであれば，実習を終えてからの自己の成長を確かめるうえで大切な資料となります。実習に臨む前にたてた実習目標が適切であったのか，保育者の助言を見直し，次の実習もしくは学習に役立てるなど，その活用方法は様々です。

　何をすればよいのかまったくわからず，不安な日々を過ごした観察実習（部分実習）に始まり，積極的な関わりが求められる参加実習へと移り変わるなかで，園児と接することのむずかしさに直面された実習生は多いことでしょう。たとえば，けんかをしている子どもや食事が遅かったり，好き嫌いがある子ども，落ちつきがない子どもへのそれぞれの対応はどのようにすればよいのでしょうか。養成校での学習で事例を通して知識としての学びはあるのですが，その場では通用しないことにとまどいをおぼえたのではないでしょうか。また，実習クラスの補助としてではなく，子どもの前に立って保育する設定保育では，次々に様々な反応を見せる子どもをまとめることのむずかしさを実感するとともに，保育のやりがいを見いだしたのではないでしょうか。ある実習生の感想の一部を紹介します。「設定保育では自分が思ったとおりにうまくいかなくて，まだまだ勉強しないといけないなと実感しました。見るだけではなく，実際自分が子どもたちの前へ立ってするのとでは全然ちがう。子どもたちに話を聞いてもらうむずかしさや，子どもたちの興味を引きつけるむずかしさを知りました」と。この実習体験こそが，保育者としての資質に大きく関わってきます。

　実習記録には，「忘れてしまいたい過去」もありますが，保育者からいただいた指導・助言をそれぞれのケースごとにまとめ，整理すると今後の参考になります。さっそく目を通してください。

Q88 実習で学んだことをこれからの学習にどう生かせばよいですか？

A 　決められた期間の実習を終え，養成校での学習とはちがった視点より保育を体験したことと思います。実習前は不安でどうなることかと心配ばかりしていた自分と，今はどう変わっていますか。自信たっぷりで満足している人もいるでしょう。しかし，実習は自己満足で終わってはいけません。自分が実習で学んだことを評価してください。その評価を，実習園からいただいた評価表と照合することで，自らの課題が浮き彫りになります。

　その視点としては，特に優れている点と今後努力を要する点が，全体を通してどの項目なのかを確認しましょう。優れているという評価であっても，さらなる向上心が必要です。また，努力を要する評価であれば，今後の課題として掲げ，克服できるように取り組む必要があるでしょう。さらに，同じ項目で自己評価と実習園の評価の内容に，大きな開きを見ることがある場合には，その認識のちがいをよく検討し，「なぜ」を理解するよう努めましょう。

　つぎに，年齢によってちがう子どもとの関わりについて，実習生の記録をもとに見てみましょう。「5歳の子どもは，3・4歳の子どもに比べたら，自分のほうから接してきてくれることがあまりなかったけど，私のほうから積極的に話しかけたり，声かけをすると，子どもたちのほうから声かけをしてくれる」と，発達の段階によるちがいを学んでいます。さらに，けんかの仲裁に関しては，「『お互いの意見を必ず聞くこと』『時には明らかに悪いほうに悪いと伝えることも大切』などと，ご助言いただき，二週目には，お互いの話を聞き，けんかの仲裁をするのもスムーズになった」という。子どものけんかは，社会性を養ううえでたいへん重要であり，保育者として適切な対応が求められます。このような，子どもとの関わりについて実習で学んだことを，実習指導の保育者の助言をもとに再考し，実習生同士が話し合い，自分自身が体験していないことを知り，気付くことが今後の学習の重要な指標となります。くれぐれも実習を「よかった思い出」に留まらせることのないようにしましょう。

Q89 実習終了後の子どもたちや保護者との関係はどうすればよいですか？

A 　実習最終日を迎えると，長かった実習もようやく終わりだなと一息つく反面，名前を覚え，ともに遊んだ子どもと別れなければならない現実が待っています。朝夕送り迎えをする保護者とも挨拶や会話を交わすごとに親しくなり，子どもを通じてその関わりが密になり，ますます名残惜しくなってきます。実習後の実習生は子どもたちや保護者とどのように関わっていけばよいのでしょうか。

　実習は，皆さんが学ばれている養成校からの依頼があり，そのうえで実習指導が行われています。ですから，私的な行動は慎む必要があります。実習事前指導において，実習生としての自覚や心がまえについて指導があるでしょうが，ひとたび実習が始まれば実習生も一職員なのです。したがって，実習中に知った子どもやその家族の情報について，他の人に漏らすようなことはけっしてあってはなりません。また，保護者より質問や勧誘があったときには，独断で決めるのではなく，園長や実習指導の保育者に連絡もしくは相談するようにしてください。実習後に子どもたちや保護者と関わる場合においても同様のことがいえます。

　一方，実習後に実習園を訪問し，担当した子どもを観察することはたいへん意義があります。実習中には気付かなかった子どもの状態や，成長のようすを客観的に捉えることができるからです。さらに，「子育て不安」や「子育て支援」などの親子を巡る問題の一端を，子どもたちやその保護者との関わりを通して垣間見ることになるのではないでしょうか。くれぐれも秘密の保持には注意してください。常に保育者になる過程にあることを念頭に置き，私的な関わりではなく，自らの向学のためにと，目的をしっかり据えたうえで関係を築くことが望まれます。

第4章の確認のポイント ─────────────────────

□実習事後指導において，実習の評価結果を振り返り，今後の課題や自己の強みを明確にすることによって，実力のある保育者になっていくでしょう。

□実習事後指導を通して，自己評価と他者評価の差に気付くことができます。

□実習事後指導は，養成校担当教員に実習終了を伝え，お礼状を書くことから始まり，実習体験を実習レポートにまとめ，それを養成校内のゼミで発表することなどが中心となるでしょう。

□実習でお世話になった園長先生や保育者，子どもたちに感謝の気持ちを込めてお礼状を書きましょう。

□実習記録は，活動記録であり，今後の指針であり，成長の証でもあります。
　実習記録を大切に保管しましょう。

付　　録

付　録

■指導案の書き方

実習生氏名		指
日時・天候	令和元年　11月　8日（金）　晴れ	
クラス	うさぎ組　　3歳児　　男児10名　女児	
主な活動名	（例）フルーツバスケット	
本日に至るまでの子どもの姿	（例）・身体を動かして遊ぶことを楽しんでいる。 　　　・お店屋さんのごっこ遊びを繰り返し	
活動のねらい	（例）・体を動かして遊ぶ楽しさを味わう。 　　　・友達と果物のイメージを広げる。	

・時期・天候によって子どものようすは違ってきますので，必ず書き込みましょう。

・主な活動のタイトルをわかりやすく書きましょう。

・子どもに伝えるポイントを2〜3つあげて書きましょう。

時間	環境構成・準備物	予想される子どもの活動	保育者の援助及び配慮
（例） 10:00	【保育室】 ピアノ ●実習生　○子ども （準備物） 絵本「だるまさんが」	・「おはようの歌」を歌う。 ・元気な声で朝の挨拶をする。	・ピアノを弾く。 ・子どもの目を見ながら，元気よく挨拶をする。

・時間の位置と横軸の内容と合致するようにしましょう。

・活動の手順やルール，準備物を丁寧に書き込みましょう。（図は定規を活用します。）

・予想される子どもの具体的な活動のようすを書きましょう。
・子どもの発達段階やクラスのようすを考えながら工夫して記入しましょう。

・子どもの興味・感心・意欲・態度などの関連に着目し，保育者の援助を記入しましょう。
・保育者の声かけは，「わかりやすく簡潔で丁寧」を心がけ，子どもに伝わっているかどうかを，確認するような配慮が必要です。
・気を付けて援助したいことを書き込みましょう。

・多くの実習生は，指導案を書いて，設定保育（保育者がねらいをもって活動を計画し，設定して行う保育）を経験するでしょう。設定保育では子どもの主体性を大切にし，実習生の意図を織り込みながら活動が充実するような配慮が必要です。
・実習生にとって，初めての設定保育で子どもの活動を予測することは難しいと感じるかもしれませんが，自分なりに子どもを思って考えてみることが大切です。設定の流れが頭の中で理解できると，子どもの充実した活動につながります。
・子どもの興味・感心・意欲・態度などの関連に着目し，保育者の援助を記入しましょう。実習先から実習案の書き方の指導を受けた場合は実習先の指導に従いましょう。

反省及び考察			

■指導案 1 （部分実習）

実習生氏名	藤原香里		実習指導者	大山美子

日時・天候	令和元年　9 月　20 日（金）　晴れ

クラス	もも組　　3 歳児　　男児10名　女児10名　　計20名

主な活動名	こぶたのしっぽとり

本日に至るまでの子どもの姿	・踊ったり，かけっこをしたり，体を動かして遊ぶことを楽しんでいる。 ・「3 びきのこぶた」の絵本を繰り返し楽しんでいる。

活動のねらい	・しっぽとりで体を動かして遊ぶ楽しさを味わう。 ・遊びのイメージを広げて楽しむ。

時間	環境構成・準備物	予想される子どもの活動	保育者の援助及び配慮
9:30	【保育室】 （準備物） 絵本「3 びきのこぶた」	○保育者の周りに集まる。 ・「3 びきのこぶた」の絵本を見る。 ・保育者の話を聞く。	・落ち着いて話を聞くことができるように，排せつに行くように伝える。 ・狼から逃げる様子を楽しめるように，繰り返しを意識して読み聞かせをする。 ・狼のお面をかぶり，こぶたのしっぽを見せることで，「3びきのこぶた」の世界のイメージが広がり活動に期待をもつことができるようにする。
9:50	【園庭】 ○：保育者 （準備物） ・しっぽ　23本（予備含む） ・狼のお面 ・豚のお面 ※遊具や砂場の方に逃げると危険であるため，園庭図の ___ の中でしっぽとりができるようにラインを引いておく。 ・わらの家，木の家，れんがの家として，ラインで 3 つ四角をかく。	○しっぽとりをする。 ・園庭に出て保育者の周りに集まる。 ・しっぽをつける。 ・わらの家の枠内に入る。 ・狼（保育者）から逃げ，木の家の枠に入る。 ・木の家の枠から逃げ，れんがの家の枠に入る。 ・れんがの家までしっぽを取られなかった子どもの名前を聞く。 ・全員で万歳をして，こぶたが狼から逃げることができたことを喜ぶ。	・安全に遊ぶことができるように，帽子と靴の履き方を確認する。 ・子どもが自然に走って逃げることができるように，家を吹き飛ばす真似をする。 ・しっぽを取られ逃げることが嫌になった子どもには，遊びを楽しむことができるように，一緒に狼として走るように誘ったり先にれんがの家で隠れているように伝えたりする。 ・逃げる子どもが危険な場所に逃げないように，声掛けや立ち位置に留意する。 ・友達のしっぽを取る子どもには，狼がしっぽを取りこぶたは逃げる仲間であることを伝え，こぶたを続けるか保育者と狼をするか問いかけ，楽しんで遊びに参加できるようにする。 ・逃げ切る楽しさを体験できるように，しっぽが残った子どもを認める。 ・「3びきのこぶた」のお話の世界観を共感的に味わうことができるように，しっぽを取られずに残った子どもがいることを全員で喜ぶ。
10:15		○片付ける。 ・保育者の周りに集まる。 ・しっぽを片付ける。	・怪我の有無を確認し，手洗い，うがいと水分補給を伝えることで，次の活動に見通しが持てるようにする。

反省及び考察	しっぽをつけたりお面をかぶったりするのに予想以上に時間がかかった。 お面を帽子に貼り付けるなど，準備時間を短くする工夫が必要だと思った。

■指導案2（部分実習）

実習生氏名	山本美咲		実習指導者	佐藤陽子
日時・天候	2019年　11月　22日（金）　晴れ			
クラス	くま組　　　4歳児　　　男児13名　女児15名　　　計28名			
主な活動名	自然物を使った遊び―リース作り―			
本日に至るまでの子どもの姿	気温の変化や活動に応じて，自分から衣服の調節をおこなう姿が見られる。園外保育に出かけ，落ち葉や木の実を集めたり，落ち葉の下の虫を探したりして楽しむ。また，友だちとの関係では，あそびの中で自己主張をし，時にはぶつかる中で友だちとの考えの違いに気づき，友だちの気持ちを考えようとする姿も見られる。			
活動のねらい	○安心できる雰囲気の中で，自分の思いや考えを友だちにわかるよう伝えようとする。 ○秋の自然物について，製作を楽しみながら色や形，香りの違いに気づくなど関心を深め，親しむ。			

時間	環境構成・準備物	予想される子どもの活動	保育者の援助及び配慮
10:00 10:05 10:15 10:30	○保育室内に園外保育で集めた自然物を分けておくことができるスペースを作る。その周囲に製作スペースを作る。 ○2～3種類のリースを作っておく。 ○リースの台紙は紙皿を切って用意しておく。各種類多めに用意する。 ○製作用テーブルにはビニールをかけ，ボンド，手拭きタオルを用意しておく。 ○リースを乾かす台を用意しておく。	○保育室に用意された落ち葉や木の葉のテーブルの周囲に集まってくる。 ○保育者に指示され，自分のテーブルに移動する。 ○リースの製作について保育者の話を聞いたり，保育者に質問したりする。 ○自分の好きな紙皿に落ち葉や木の実を多めのボンドで貼り，最後につり下げ用のリボンを貼る。 ○口々に園外保育で自然物を拾った時の様子などを話しながら，製作を楽しむ。 ○リースを乾かす台まで運び，手を洗いに行く。	○落ち葉や木の実は，種類や色ごとに見やすい皿に分けて並べておく。 ○日常のグループ活動のテーブルで製作するよう伝える。 ○リースの見本は数種類作っておき，子どもがそれぞれのイメージを膨らませることができるようにする。また，子どもの質問や思いも保育者が反復し，クラスの中で共有する。 ○しっかりと紙皿につくよう，多めのボンドを皿に用意するとともに，ボンドを塗るのではなく，多めのボンドを乗せるように使うことを実際にやって見せ，伝える。 ○すぐに飽きる子どももいるので，柄のついた紙皿を使用する。 ○外れそうな木の実などは補強し，しっかり乾いたものからクラスの壁面に装飾する。
反省及び考察	リースの見本を見せると子どもたちの目が輝き，保育の準備の大切さを知った。壁面に飾った自分の作品を保護者に示す子どもの姿から，製作が子どもの自信につながっていると感じた。		

■指導案3（部分実習）

実習生氏名	伊森理恵		実習指導者	大藤弘美
日時・天候	令和元年　9月　20日（金）　晴れ			
クラス	ふじ組　　5歳児　　男児12名　女児12名　　計24名			
主な活動名	しっぽとり			
本日に至るまでの子どもの姿	・鬼ごっこやドッジボールをして遊んでいるが，鬼に触られたかや，ボールが当たったかで言い合いになる姿も見られる。			
活動のねらい	・友達と協力してしっぽとりで遊ぶ楽しさを味わう。 ・しっぽとりのルールについて，自分たちで確認をすることができる。			

時間	環境構成・準備物	予想される子どもの活動	保育者の援助及び配慮
9:30	【園庭】 	○保育者の周りに集まる。 ・しっぽとりについて話を聞く。	・落ち着いて遊ぶことができるように，排せつ，帽子，靴のかかとを確認する。 ・ラインやしっぽを見せることで，逃げる範囲やしっぽとりの内容について視覚的に確認し期待が持てるようにする。
9:45	○：保育者 （準備物） ・しっぽ　27本（予備含む） ・ライン引き　1個 ※遊具や砂場の方に逃げると危険であるため，園庭図の┆┄┄┆の中でしっぽとりができるようにラインを引いておく。	○しっぽとりをする ・しっぽを付けて，鬼役の保育者や子どもから逃げる。 ・保育者の周りに集まり，やってみた感想を話す。	・しっぽを取られても鬼になることが嫌な子どもには，鬼の楽しさも味わうことができるように，手をつないで一緒に鬼をしたり励ましたりする。 ・鬼が増えていく中で，逃げる子どもが危険な場所に逃げていかないように，声掛けや立ち位置に留意する。 ・鬼が協力してしっぽを取りに行くことができるように声掛けする。 ・子どもの発言を繰り返して伝えることで認められると感じ，他児も自分なりに伝えたいという意欲が湧くようにする。
10:10	（ルール） （1）保育者が鬼役 ・しっぽを鬼に取られたら，帽子を反転して鬼になる。 ・全員のしっぽがとられるまで行う。 （2）チームで行う ・チームは，もも・ぶどう合同グループと，いちご・めろん合同グループの2チームにする。 ・しっぽを取られたら枠外陣地に戻る。	○チームでしっぽとりをする ・2チームに分かれ，しっぽとり（1回目）をする。 ・作戦を練る。	・安全面やルールについて考えたり確認したりするように声掛けをし，チームで行う際に必要な事項に子どもが注目できるようにする。 ・逃げ切る楽しさを体験できるように，しっぽが残った子どもを認める。 ・発言する子どもが増えるように声掛けすることで，勝つ作戦を協力して考えることができるようにする。
10:30		・しっぽとり（2回目）をする。	・枠外陣地の子どもと一緒に応援することで，参加している一体感を体験し，共に楽しむことができるようにする。 ・数を意識することができるように，取ったしっぽの数を声に出して数える。
10:40	・5分で終了の声掛けをする。その前に全員しっぽがとられても終了する。	○片付ける。 ・保育者の周りに集まる。 ・しっぽを片付ける。	・怪我の有無を確認し，手洗い，うがいと水分補給を伝えることで，次の活動に見通しが持てるようにする。

反省及び考察	作戦タイムで子どもたちが活き活きと話し合っている姿が見られた。 話し合いに十分な時間を確保することの大切さを感じた。

■指導案 4 （責任実習）

実習生氏名	○○		実習指導者	○○，○○の 2 名
日時・天候	2019年　12月　2　日（月）　晴れ			
クラス	うさぎ組　　2歳児　　男児6名　女児6名　　計12名			
主な活動名	動物まねっこあそび			
本日に至るまでの子どもの姿	・今年度に入り，外国にルーツのある子どもたち（欧米系，南米系，アジア系）の友達が入所してきた。友達への関心が高まり，子ども同士で遊ぶ姿が多く見られるようになってきたが，夏ころまでは日本語を母語としない子どもたちは，なかなか遊びに入ることができないこともあった。最近は，朝の挨拶の歌を多言語で歌うようになり，徐々に「ごっこ遊び」をする姿も見られ活発に遊ぶようになってきている。			
活動のねらい	・皆と一緒に体を動かして楽しむ。 ・動物の鳴き声や動きの真似っこをしながら，膝を伸ばして動く運動を楽しむ。 ・いろいろな言語があることに気づき，多言語を知ることは楽しいことを感じる。			

時間	環境構成・準備物	予想される子どもの活動	保育者の援助及び配慮
8:00		○順次登園し，室内遊びをする。	○保護者と子どもに笑顔で挨拶する。
9:15		○遊びの片づけをする。 ・排泄をする。	○お部屋を綺麗にし，次の活動への見通しをもって片づけできるように声をかける。
9:30	○ △△△△ △△△△ △△△△ ＊各自，自分のいすを持って座る ○保育者　△子ども	○朝の集まりをする。 ・保育者の前に自分のいすを持ってきて座る。	○クラスの友達全員に目をむけられるよう欠席のお友達はだれか子どもたちに尋ねる。 ○「おはよう」の歌を多言語で歌う。
9:45	・事前に場の安全点検をし，環境を整える。 ・ホールの窓を開け，換気をしておく。 カード置き机　ピアノ カラーテープ ○保育者 △子ども 場　所：ホール（ピアノ） 準備物： ○ピアノ（動物をイメージする音やリズムを弾く	○保育者の前に広がって集まる。 ○カラーテープ上に座る。 ・膝を曲げて指先をつかもうとする子がいる。 ・まわりを見ていて動かない子がいる。	○子ども一人ひとりの健康観察をする。 ○カラーテープの上に丸く集まるように伝える。 ○膝を伸ばして，足の指先をつかむように伝える。 ・動かない子のそばに座り動きを見せながら伝える。

9:55	○動物絵カード（犬，猫，ゾウ，ライオン，馬，鶏，ブタ） ○目印としてカラーテープを使用し，円を作る（フロアにすぐ剥がれないようにしっかり貼る）。	○犬，ライオン，馬，猫，ゾウなど答える。 ○「わんわん」「ウォフウォフ」「にゃー」「ミャウ」「コケコッコー」「コッコドゥルドゥー」など声真似をする。	○４本足の動物の名前を聞く（日本語，外国語）。 ○どのような鳴き声をするか，絵カードを見せながら聞く（鶏も聞いてみる）。外国籍の子どもにも聞く。
10:00		○腰をあげて動物になる。 ・「ガオー」等，言葉を発して動く。 ・ずっとハイハイになってしまう子がいる。	○円の中で絵カードの動物になりきって腰をあげ動く（ピアノ） ○速さや進向きを変えて楽しく活動ができるよう援助する。 ・動きを工夫し，励ます。
10:10		○「ライオン」「犬」など答える。 ○どんな動物になったか皆の前でやって見せる。	○どんな動物になったか「日本語」「外国語」共に聞く。 ・動物まねっこを通して多言葉を知ることは楽しいと伝える。
10:15		○水分補給 ・手洗いうがいをすませ，自由に座る。	○手洗いし自分のコップを使いうまくガラガラうがいができるよう声をかける。
10:25		○園庭で遊ぶ。 ・排泄を済ませて帽子，ジャケットを着て園庭へ移動。 ・砂場や，遊具で遊んだり，ヘリコプターや飛行機雲を発見し，喜ぶ。	○なかなかジャケットを一人で着ることができない子どもにはそばについて援助する。 ・飛行機はどこにいくのか，ほかの雲の形は何に見えるか，等問いかけ，遊びのイメージを広げる言葉がけをする。
11:10		○遊びの片づけをする。	
11:15		○部屋に戻る。 ・帽子，ジャケットを脱ぎ排泄を済ませる。	○１名は子どもの排泄や着脱等の対応，他は食事の配膳の準備をする。
11:30			
12:00		○給食を食べる。 ・歯磨き，排泄をし着替えをする。	○アレルギー食・宗教食を必要とする子どもの給食を確認する。
12:15			
14:45		○午睡をする。 ○起床する ・排泄をし，着替えをする。	○なかなか寝られない子どもの側へ行き各々の子どもに合わせて寝られるようにかかわる。
15:10			
15:30		○おやつを食べる ○おやつを食べ終わった子どもは，園庭で遊ぶ。	○食材の特徴を子どもたちと話ながら食への関心を高める。
16:15			
16:30		○片づけをする。 ○順次降園する。	
反省及び考察			

■評価票例1

保育所実習評価票

実習園（所）名	園（所）長氏名印	指導担当氏名印
	㊞	㊞

実習生氏名	

評価事項	評価の内容	評　　価
実　習　態　度	実習へのとりくみ、保育士との連絡や協力の態度、環境整備への関心、指示された作業のとりくみや正確さ、などについて。	5　4　3　2　1
研　究　態　度	保育に興味・関心・熱意を示し、保育所保育の目的や内容の理解を深め、実習記録その他の記述は正確であったか、などについて。	5　4　3　2　1
保　育　計　画	保育の実際を理解し適切な保育計画を立てられたか、用具や教材の活用が適切で計画的な保育が実践できていたか、などについて。	5　4　3　2　1
保　育　技　術	保育所保育の目的達成に努めたか、児童の理解・臨機応変な対応・個別化への配慮・ことばかけ・発声・展開の技術、などについて。	5　4　3　2　1
保育者としての資　　　質	責任感・指導性・協調性・創造性・機敏性・礼儀・明朗であたたかい人間性など、保育所保育士としての適性と資質について。	5　4　3　2　1

総　合　評　価	5　　　4　　　3　　　2　　　1

実習期間	平成　　年　　月　　日より	総実習時間	出席　　　　　日
			欠席　　　　　日
	平成　　年　　月　　日まで		遅刻　　　　　日
		時間	早退　　　　　日

所　　見	

■評価票例2

保育所実習 評価票

実習施設名	施設長名	実習指導担当氏名
	㊞	㊞

実習生氏名	学籍番号		氏名	

実習期間	令和　　年　　月　　日（　　）〜令和　　年　　月　　日（　　）
勤務状況	出席日数：　　日　欠席日数：　　日　遅刻日数：　　日　早退日数：　　日

項目	評価の内容	評価上の観点	評価（該当するものにチェック）			
			A	B	C	D
態度	意欲・積極性	・指導担当者からの指示を待つばかりでなく、自分から行動している。 ・積極的に子どもとかかわろうとしている。　など	☐	☐	☐	☐
	責任感	・十分な時間的余裕を持って勤務開始できるようにしている。 ・報告・連絡・相談を必要に応じて行っている。　など	☐	☐	☐	☐
	探究心	・日々の取り組みの中で、適切な援助の方法を理解しようとしている。 ・日々の取り組みの中で、自己課題を持って実習に臨んでいる。　など	☐	☐	☐	☐
	協調性	・自分勝手な判断に陥らないように努めている。 ・判断に迷うときには、指導担当者に助言を求めている。など	☐	☐	☐	☐
知識・技術	1. 保育所等の役割と機能	①保育所等における子どもの生活と保育士の援助や関わりについて理解できている。	☐	☐	☐	☐
		②保育所保育指針に基づく保育の展開について理解できている。	☐	☐	☐	☐
	2. 子どもの理解	③子どもとの関わりを通した観察と記録作成による具体的な子ども理解ができている。	☐	☐	☐	☐
		④子どもの発達過程について具体的な理解ができている。	☐	☐	☐	☐
		⑤子どもへの積極的な関わりや具体的な援助ができている。	☐	☐	☐	☐
	3. 保育内容・保育環境	⑥保育の計画に基づいた保育内容の実際について理解できている。	☐	☐	☐	☐
		⑦子どもの発達過程に応じた保育内容の実際について理解できている。	☐	☐	☐	☐
		⑧子どもの生活や遊びと実際の保育環境の関連性について理解できている。	☐	☐	☐	☐
		⑨実際の子どもの健康管理や安全対策について理解できている。	☐	☐	☐	☐
	4. 保育の計画、観察、記録	⑩全体的な計画と指導計画及び評価の関連について理解できている。	☐	☐	☐	☐
		⑪記録に基づく省察と自己評価ができている。	☐	☐	☐	☐
	5. 専門職としての保育士の役割と職業倫理	⑫専門職としての保育士の業務内容について具体的に理解できている。	☐	☐	☐	☐
		⑬職員間の役割分担や連携・協働について具体的に理解できている。	☐	☐	☐	☐
		⑭専門職としての保育士の役割と職業倫理について具体的に理解できている。	☐	☐	☐	☐
総 合 評 価 (該当するものにチェック)			☐	☐	☐	☐
総合所見	(学生ができていた点、今後課題となる点など)					

記入要項　1. 評価基準は以下の通りです。
　　　　　実習生として、A:非常に優れている　B:優れている　C:適切である　D:努力を要する
　　　　2. 総合所見では、実習を通して学生ができていた点、今後の課題となる点などを記入してください。
　　　　3. 評価票は、自己課題を明確にするため、学生に開示いたします。

〇〇〇大学

資　　料

■全国保育士会倫理綱領

　すべての子どもは，豊かな愛情のなかで心身ともに健やかに育てられ，自ら伸びていく無限の可能性を持っています。

　私たちは，子どもが現在（いま）を幸せに生活し，未来（あす）を生きる力を育てる保育の仕事に誇りと責任をもって，自らの人間性と専門性の向上に努め，一人ひとりの子どもを心から尊重し，次のことを行います。

　私たちは，子どもの育ちを支えます。
　私たちは，保護者の子育てを支えます。
　私たちは，子どもと子育てにやさしい社会をつくります。

（子どもの最善の利益の尊重）
　1．私たちは，一人ひとりの子どもの最善の利益を第一に考え，保育を通してその福祉を積極的に増進するよう努めます。
（子どもの発達保障）
　2．私たちは，養護と教育が一体となった保育を通して，一人ひとりの子どもが心身ともに健康，安全で情緒の安定した生活ができる環境を用意し，生きる喜びと力を育むことを基本として，その健やかな育ちを支えます。
（保護者との協力）
　3．私たちは，子どもと保護者のおかれた状況や意向を受けとめ，保護者とより良い協力関係を築きながら，子どもの育ちや子育てを支えます。
（プライバシーの保護）
　4．私たちは，一人ひとりのプライバシーを保護するため，保育を通して知り得た個人の情報や秘密を守ります。
（チームワークと自己評価）
　5．私たちは，職場におけるチームワークや，関係する他の専門機関との連携を大切にします。
　また，自らの行う保育について，常に子どもの視点に立って自己評価を行い，保育の質の向上を図ります。
（利用者の代弁）
　6．私たちは，日々の保育や子育て支援の活動を通して子どものニーズを受けとめ，子どもの立場に立ってそれを代弁します。
　また，子育てをしているすべての保護者のニーズを受けとめ，それを代弁していくことも重要な役割と考え，行動します。
（地域の子育て支援）
　7．私たちは，地域の人々や関係機関とともに子育てを支援し，そのネットワークにより，地域で子どもを育てる環境づくりに努めます。
（専門職としての責務）
　8．私たちは，研修や自己研鑽を通して，常に自らの人間性と専門性の向上に努め，専門職としての責務を果たします。

社会福祉法人全国社会福祉協議会
全国保育協議会
全国保育士会

出典：全国保育士会ホームページ（http://www.zenhokyo.gr.jp/hoikusi/rinri.htm）

■保育実習実施基準

第1　（略）

第2　履修の方法

1 保育実習は，次表の第3欄に掲げる施設につき，同表第2欄に掲げる履修方法により行うものとする。

実習種別 （第1欄）	履修方法（第2欄）		実習施設 （第3欄）
	単位数	施設におけるおおむねの実習日数	
保育実習 I （必修科目）	4単位	20日	（A）
保育実習 II （選択必修科目）	2	10日	（B）
保育実習 III （選択必修科目）	2	10日	（C）

備考1　第3欄に掲げる実習施設の種別は，次によるものであること。
　（A）…保育所，幼保連携型認定こども園又は児童福祉法第6条の3第10項の小規模保育事業（ただし，「家庭的保育事業等の設備及び運営に関する基準」（平成26年厚生労働省令第61号）第3章第2節に規定する小規模保育事業A型及び同基準同章第3節に規定する小規模保育B型に限る）若しくは同条第12項の事業所内保育事業であって同法第34条の15第1項の事業及び同法同条第2項の認可を受けたもの（以下「小規模保育A・B型及び事業所内保育事業」という。）及び乳児院，母子生活支援施設，障害児入所施設，児童発達支援センター，障害者支援施設，指定障害福祉サービス事業所（生活介護，自立訓練，就労移行支援又は就労継続支援を行うものに限る），児童養護施設，情緒障害児短期治療施設，児童自立支援施設，児童相談所一時保護施設又は独立行政法人国立重度知的障害者総合施設のぞみの園
　（B）・（C）　（略）

備考2　保育実習（必修科目）4単位の履修方法は，保育所又は幼保連携型認定こども園或いは小規模保育A・B型及び事業所内保育事業における実習2単位及び（A）に掲げる保育所又は幼保連携型認定こども園或いは小規模保育A・B型及び事業所内保育事業以外の施設における実習2単位とする。

備考3　児童福祉法（昭和22年法律第164号。以下「法」という。）第6条の3第9項に規定する家庭的保育事業又は，「家庭的保育事業等の設備及び運営に関する基準」（平成26年厚生労働省令第61号）第3章第4節に規定する小規模保育事業C型において，家庭的保育者又は補助者として，20日以上従事している又は過去に従事していたことのある場合にあっては，当該事業に従事している又は過去に従事していたことをもって，保育実習 I（必修科目）のうち保育所又は幼保連携型認定こども園或いは小規模保育A・B型及び事業所内保育事業における実習2単位，保育実習 II（選択必修科目）及び保育実習指導 II（選択必修科目）を履修したものとすることができる。

　2～5　（略）

第3　実習施設の選定等

1　指定保育士養成施設の所長は，実習施設の選定に当たっては，実習の効果が指導者の能力に負うところが大きいことから，特に施設長，保育士，その他の職員の人的組織を通じて保育についての指導能力が充実している施設のうちから選定するように努めるものとする。
　　特に，保育所の選定に当たっては，乳児保育，障害児保育及び一時保育等の多様な保育サービスを実施しているところで総合的な実習を行うことが望ましいことから，この点に留意すること。
　　また，居住型の実習施設を希望する実習生に対しては，実習施設の選定に際して，配慮を行うこと。
　2～6　（略）

出典：厚生労働省雇用均等・児童家庭局長通知　2018「指定保育士養成施設の指定及び運営の基準について」の一部改正について（子発0427第3号）

■教科目の教授内容

1　目的

　各教科目の教授内容の標準的事項を示した「教科目の教授内容」を別添1のとおり定めたので，指定保育士養成施設の教授担当者が教授に当たる際の参考とすること。

2　教科目

＜必修科目＞

　　【保育の本質・目的に関する科目】
　　　○保育原理（講義2単位）
　　　○教育原理（講義2単位）
　　　○子ども家庭福祉（講義2単位）
　　　○社会福祉（講義2単位）
　　　○子ども家庭支援論（講義2単位）
　　　○社会的養護Ⅰ（講義2単位）
　　　○保育者論（講義2単位）
　　【保育の対象の理解に関する科目】
　　　○保育の心理学（講義2単位）
　　　○子ども家庭支援の心理学（講義2単位）
　　　○子どもの理解と援助（演習1単位）
　　　○子どもの保健（講義2単位）
　　　○子どもの食と栄養（演習2単位）
　　【保育の内容・方法に関する科目】
　　　○保育の計画と評価（講義2単位）
　　　○保育内容総論（演習1単位）
　　　○保育内容演習（演習5単位）
　　　○保育内容の理解と方法（演習4単位）
　　　○乳児保育Ⅰ（講義2単位）
　　　○乳児保育Ⅱ（演習1単位）
　　　○子どもの健康と安全（演習1単位）
　　　○障害児保育（演習2単位）
　　　○社会的養護Ⅱ（演習1単位）
　　　○子育て支援（演習1単位）
　　【保育実習】
　　　○保育実習Ⅰ（実習4単位）
　　　○保育実習指導Ⅰ（演習2単位）
　　【総合演習】
　　　○保育実践演習（演習2単位）

＜選択必修科目＞

　　　○保育の本質・目的に関する科目
　　　○保育の対象の理解に関する科目
　　　○保育の内容・方法に関する科目
　　　○保育実習Ⅱ（実習2単位）
　　　○保育実習指導Ⅱ（演習1単位）
　　　○保育実習Ⅲ（実習2単位）
　　　○保育実習指導Ⅲ（演習1単位）

出典：厚生労働省雇用均等・児童家庭局長通知　2018　「指定保育士養成施設の指定及び運営の基準について」
　　　の一部改正について（子発0427第3号）

■保育実習の目標と内容

<科目名>
保育実習Ⅰ（実習・4単位：保育所実習2単位・施設実習2単位）

<目標>
1．保育所，児童福祉施設等の役割や機能を具体的に理解する。
2．観察や子どもとの関わりを通して子どもへの理解を深める。
3．既習の教科の内容を踏まえ，子どもの保育及び保護者への支援について総合的に理解する。
4．保育の計画・観察・記録及び自己評価等について具体的に理解する。
5．保育士の業務内容や職業倫理について具体的に理解する。

<保育所実習の内容>
1．保育所の役割と機能
（1）保育所における子どもの生活と保育士の援助や関わり
（2）保育所保育指針に基づく保育の展開
2．子ども理解
（1）子どもの観察とその記録による理解
（2）子どもの発達過程の理解
（3）子どもへの援助や関わり
3．保育内容・保育環境
（1）保育の計画に基づく保育内容
（2）子どもの発達過程に応じた保育内容
（3）子どもの生活や遊びと保育環境
（4）子どもの健康と安全
4．保育の計画・観察・記録
（1）全体的な計画と指導計画及び評価の理解
（2）記録に基づく省察・自己評価
5．専門職としての保育士の役割と職業倫理
（1）保育士の業務内容
（2）職員間の役割分担や連携・協働
（3）保育士の役割と職業倫理

<児童福祉施設等（保育所以外）における実習の内容>
1．施設の役割と機能
（1）施設における子どもの生活と保育士の援助や関わり
（2）施設の役割と機能
2．子どもの理解
（1）子どもの観察とその記録
（2）個々の状態に応じた援助や関わり
3．養護内容・生活環境
（1）計画に基づく活動や援助
（2）子どもの心身の状態に応じた生活と対応
（3）子どもの活動と環境
（4）健康管理，安全対策の理解
4．計画と記録
（1）支援計画の理解と活用
（2）記録に基づく省察・自己評価
5．専門職としての保育士の役割と倫理
（1）保育士の業務内容
（2）職員間の役割分担や連携
（3）保育士の役割と職業倫理

＜科目名＞
　保育実習指導Ⅰ（演習・2単位）

＜目標＞
　1．保育実習の意義・目的を理解する。
　2．実習の内容を理解し，自らの実習の課題を明確にする。
　3．実習施設における子どもの人権と最善の利益の考慮，プライバシーの保護と守秘義務等について理解する。
　4．実習の計画・実践・観察・記録・評価の方法や内容について具体的に理解する。
　5．実習の事後指導を通して，実習の総括と自己評価を行い，今後の学習に向けた課題や目標を明確にする。

＜内容＞
　1．保育実習の意義
　（1）実習の目的
　（2）実習の概要
　2．実習の内容と課題の明確化
　（1）実習の内容
　（2）実習の課題
　3．実習に際しての留意事項
　（1）子どもの人権と最善の利益の考慮
　（2）プライバシーの保護と守秘義務
　（3）実習生としての心構え
　4．実習の計画と記録
　（1）実習における計画と実践
　（2）実習における観察，記録及び評価
　5．事後指導における実習の総括と課題の明確化
　（1）実習の総括と自己評価
　（2）課題の明確化

※保育実習Ⅱの内容については省略
出典：厚生労働省雇用均等・児童家庭局長通知　2018　「指定保育士養成施設の指定及び運営の基準について」の
　　　一部改正について（子発0427第3号）をもとに作成

▶▶◀◀▶▶◀◀▶▶◀◀▶▶◀◀▶▶◀◀▲▲▲▲▲◀◀▶▶◀◀▶▶◀◀▶▶◀◀▶▶◀◀▶▶

引用（参考）文献

■2章
Q8
待井和江・福岡貞子（編）　2016　現代の保育学⑥　保育実習・教育実習（第8版）　ミネルヴァ書房
Q22
天野珠子　2000　保育形態と幼稚園の生活　駒沢女子短期大学研究紀要，33，1−8
森上史朗・柏女霊峰（編）　2015　保育用語辞典　第8版　ミネルヴァ書房

■3章
倉橋惣三　1976　育ての心（上）　フレーベル館　p.45
Q43〜49
小山望・川勝泰介・柴崎正行・鈴木政次郎（編）　1992　新・幼児教育演習シリーズ1　教育・保育実習の手引
　ひかりのくに
西野泰広・田島信元（編）　1992　保育・教育実習セミナー　建帛社
小学館（編）　2001　教育技術MOOK　幼児と保育　最新・保育実習まるごとBOOK　小学館
埋橋玲子　1991　新・幼稚園教育実習―出会いを求めて―　啓文社
Q61
厚生労働省　2008　保育所保育指針解説書
Q65
藤崎眞知代・野田幸江・村田保太郎・中村美津子　2000　保育のための発達心理学　新曜社
Q69
毛利子来　1999　子育ての迷い解決法10の知恵　集英社
Q72
有馬正高（監修）　2007　知的障害のことがよくわかる本　講談社

■4章
Q82，84〜86
内山元夫・岡本幹彦・神戸賢次（編）　2005　保育士養成課程―福祉施設実習ハンドブック―　みらい
全国保育士養成協議会（編）　2018　保育実習指導のミニマムスタンダード　Ver.2　中央法規　p.140
Q89
小舘静枝・小林育子（著）　1992　施設実習マニュアル　萌文書林

執筆者一覧

■編集委員――民秋　言（白梅学園大学名誉教授）
　　　　　　小田　豊（聖徳大学）
　　　　　　杤尾　勲
　　　　　　無藤　隆（白梅学園大学）
　　　　　　矢藤誠慈郎（和洋女子大学）

■編　　者――民秋　言・安藤　和彦・米谷　光弘・中西　利恵・大森　弘子

【執筆者（執筆順）】

民秋　　言（編者）	はじめに
安藤　和彦（編者）	第1章リード文，Q4～6
米谷　光弘（編者）	Q1～3
長谷　雄一（豊岡短期大学）	Q7
上月　素子（社会福祉法人四恩こども園）	第2章リード文
中根　　真（龍谷大学短期大学部）	Q8
爾　　寛明（桜美林大学）	Q9～13
鈴木えり子（華頂短期大学）	Q14～19
土谷　長子（皇學館大学）	Q20・22
浅野　俊和（中部大学）	Q21
杉本　一久（社会福祉法人宇治福祉園）	Q23・24
中江　　潤（京都保育福祉専門学院）	Q25
大森　雅人（神戸常盤大学）	Q26～31
西川　友理（京都西山短期大学）	Q32・34・36・38
伊藤　華野（京都西山短期大学）	Q33・35・37
大森　弘子（編者）	Q39，第3章リード文，Q40・80，指導案の書き方
伊藤　智里（中国学園大学）	Q41・42，指導案例1・3
石井　浩子（京都ノートルダム女子大学）	Q43～49
大和　正克（京都西山短期大学）	Q50～54
大崎　千秋（名古屋柳城短期大学）	Q50～54
長谷　範子（花園大学）	Q55，指導案例2
智原　江美（京都光華女子大学）	Q56～58
濱名　　浩（立花愛の園幼稚園）	Q59～61
原口富美子（湊川短期大学附属北摂中央幼稚園）	Q62～65
川崎　　愛（流通経済大学）	Q66～69

豊永せつ子（社会福祉法人五豊会ヴィラのぞみ愛児園）　Q70・71

柴田　長生（京都文教大学）　Q72，第4章リード文

平野　知見（京都文教大学）　Q73・74，指導案例4

角野　雅彦（鹿児島国際大学）　Q75・76・79

尾花　雄路（福岡女子短期大学）　Q77・78・81

中西　利恵（編者）　Q82

野田　隆生（華頂短期大学）　Q83・87〜89

安東　綾子（九州女子短期大学）　Q84〜86

編者紹介

民秋　言（たみあき・げん）
　　京都府に生まれる
　　東京教育大学大学院文学研究科博士課程修了
　　現　在　白梅学園大学名誉教授
〈主　著〉　改訂　子どもと人間関係（共著）　萌文書林　1990年
　　　　　　改訂　保育内容総論（編著）　萌文書林　1992年
　　　　　　保育者と保育者養成（共編著）　栄光教育文化研究所　1997年
　　　　　　外国人の子どもの保育（共著）　萌文書林　1998年
　　　　　　保育者論（編著）　建帛社　2000年
　　　　　　保育ライブラリ　保育原理（編著）　北大路書房　2003年
　　　　　　保育ライブラリ　保育内容総論（編著）　北大路書房　2004年

安藤和彦（あんどう・かずひこ）
　　京都府に生まれる
　　同志社大学大学院文学研究科修士課程修了
　　現　在　ユマニテク短期大学教授
〈主　著〉　社会福祉行政論（共著）　圭文社　1984年
　　　　　　京都市児童福祉百年史（共著）　京都市児童福祉センター　1990年
　　　　　　教育・保育双書　養護原理（共著）　北大路書房　1992年
　　　　　　保育原理（共著）　圭文社　1993年
　　　　　　教育・保育双書　児童福祉（編著）　北大路書房　1994年
　　　　　　わかりやすい仏教保育総論（共著）　チャイルド本社　2004年

米谷光弘（よねたに・みつひろ）
　　兵庫県に生まれる
　　兵庫教育大学大学院学校教育研究科修士課程修了
　　現　在　西南学院大学教授
〈主著・論文〉幼児の心身発達と生活構造に関する研究　学術研究所研究叢書　1999年
　　　　　　語る心の教育（共著）　実務教育出版　1999年
　　　　　　新版　幼児の体育（共著）　建帛社　2000年
　　　　　　新現代教育原理（編著）　学文社　2000年
　　　　　　幼児教育法　保育内容総論（編著）　三晃書房　2002年

中西利恵（なかにし・りえ）
　　兵庫県に生まれる
　　奈良女子大学文学部教育学科卒業
　　兵庫教育大学大学院学校教育研究科博士課程満期退学
　　現　在　相愛大学教授
〈主著・論文〉乳児保育（監修・編集・共著）　あいり出版　2013年
　　　　　　保育者のためのキャリア形成論（共著）　建帛社　2015年
　　　　　　子ども・保護者・学生が共に育つ　保育・子育て支援演習（共著）　萌文書林
　　　　　　　2017年
　　　　　　子ども理解の理論及び方法―ドキュメンテーション（記録）を活用した保育
　　　　　　　―（共著）　萌文書林　2019年

大森弘子（おおもり・ひろこ）
　　　兵庫県に生まれる
　　　兵庫教育大学大学院連合学校教育学研究科博士課程修了
　　現　在　佛教大学非常勤講師（学校教育学博士）
〈主著・論文〉保育者のための自己評価チェックリスト（共著）　萌文書林　2015年
　　　　　教育課程・保育課程論（共著）　中央法規　2016年
　　　　　保育原理（共著）　教育出版　2016年
　　　　　育児不安を抱える保護者が示す保育者への役割期待　応用教育心理学研究，
　　　　　　第33巻第 2 号，15-26．2017年
　　　　　子育て支援を促す保育者支援プログラムの開発　家庭教育研究　第23号，13-
　　　　　　24．2018年

新 保育ライブラリ 保育の現場を知る

保育所実習［新版］

| 2020年3月20日 | 初版第1刷印刷 |
| 2020年3月31日 | 初版第1刷発行 |

定価はカバーに表示
してあります。

編 著 者	民　秋　　　言
	安　藤　和　彦
	米　谷　光　弘
	中　西　利　恵
	大　森　弘　子
発 行 所	㈱北大路書房

〒603-8303　京都市北区紫野十二坊町12-8
電　話　(075) 4 3 1 - 0 3 6 1(代)
FAX　(075) 4 3 1 - 9 3 9 3
振　替　0 1 0 5 0 - 4 - 2 0 8 3

©2020　　　　　　　　　　印刷・製本／亜細亜印刷㈱
検印省略　落丁・乱丁本はお取り替えいたします。

ISBN978-4-7628-3104-1　　Printed in Japan